트라우마
그까이 껏!

내 안의 위기관리의 열쇠를 찾아라

트라우마
그까이껏!

강은영 지음

공감

당신의 소중한 인생 지금부터 시작입니다

누구나 삶의 이유가 있다. 살아야 할 이유가 있다. 이렇게 살 수밖에 없는 이유도 분명히 있다. 누구에게나 말하지 못하는 가슴 속 이야기 하나쯤은 있을 것이다. 나는 그런 이야기를 해보려고 한다. 그저 나를 나로 바라봐주는 이야기를 하다 보면 가장 이해받고, 공감받고, 존중받고 싶었던 건 그때의 나였다는 사실과 마주하게 될 것이다. 나는 묻지마 폭행의 피해자였다. 어디서부터 어떻게 마음을 나눌지 많은 고민이 되었던 것도 사실이다. 누가 봐주길 바라는 글이 아니라, 세상에 나의 마음을 담담하게 담은 책 한 권 정도는 있어도 좋지 않을까 하는 마음으로 이야기를 시작해보려고 한다. 진심은 언제나 통하게 되어 있다. 그때가 맞지 않을 수는 있지만 언젠가는 진심은 통한다고 믿는다. 그래서 나는 용기를 내 보려고 한다. 묻지마 폭행의 피해자였지만, 교도소에서 강의하게 되기까지의 이야기와 더불어 신랑의 심장마비 그리고 친구의 죽음까지 휘몰아치던 그 날들을 마주 해보고자 한다.

이 책을 보고 누군가는 회복이 되고, 힘을 얻고, 일상이 기적임을 알게 되길 바란다. 그리고 무엇보다 나는 내가 믿는 하나님을 빼고는 나의 삶을 설명할 길이 없다. 누군가는 불편할 수 있겠지만 모두의 마음속, 풀어내지 못한 그 이야기를 꺼내 볼 마음과 마주하는 힘이 되는 시간이 되길 소망한다. 그래서 그때라고 말하는 상황에 나를 동일하게 여기지 않길 바란다. 그때의 나 자신이 쓸모없는 존재, 잘못한 존재, 용서받지 못할 존재 등과 같이 여기고 있다면 그 마음부터 자유 하는 시간이 되길 바란다. 잊고 싶은 그때의 상황에 여전히 내가 있다면 이제는 그 상황에서 빠져나와 나를 정직하게 직면해보길 바란다. 그때는 아주 특별한 상황이었다. 내가 통제할 수도 없었고, 예측할 수도 없었던 그런 특별한 상황 속에 나는 여전히 존귀하고, 보배롭고 사랑받기 충분한 사람으로 있어 보는 것부터 해보자.

여전히 그 날, 그 자리에 머무는 사람들이 있다. 나는 트라우마에 대해서 전문적인 관점에서 이야기 할 수 있는 전문지식을 가지고 있는 것은 아니다. 그런 내가 트라우마에 관해서 이야기할 수 있는 것은 여전히 내가 반응하고 있는 트라우마 적인 증상이 있다는 사실이다. 하지만 그런 증상이 내 삶에 깊게 관여하거나 그 증상으로 인해서 삶이 어렵지 않다. 트라우마를 겪고 트라우마를 이겨내기 위해 여러 가지를 시도해보고 살아가고 있다.

그 아픔을 누가 감히 말할 수 있는가? 누가 감히 괜찮다 할 수 있는가? 괜찮다고 말할 수 있는 것은 나뿐이다. "그만하면 되지 않아?" "너보다 더 큰 일을 겪은 사람도 많아" "너는 아무것도 아니야"라고 누가 나에게 말할 수 있겠는가? 나는 아무 일도 아닌 게 아니다. 누가 판단 할 수 있는가? 누구도 판단할 수 없다. 그 아픔과 상처는 여전히 나밖에 모른다. 바늘에 찔려서 아픈 상처도 아프고, 칼에 베여서 다친 상처도 아프다는 사실을 이야기하려고 한다.

여전히 나는 깜짝깜짝 놀라고 뒤를 돌아보고 주위를 살피는 것이 일상이다.

내가 놀라면 주위 사람들도 깜짝 놀란다. 그래도 어쩌겠는가. 그것이 나의 일상이고 내가 그 속에서 빠져나오며 살아가는 나의 삶의 모습이다.

그 상황에서 가장 힘들었을 사람은 나다. 이 책을 통해 그런 나와 만나길 소망한다. 가장 공감받고 존중받아야 할 그때의 나와 마주하며 오늘의 일상을 살아갈 힘을 얻길 소망한다.

특별히 이렇게 이야기를 꺼내볼 수 있도록 늘 격려와 응원을 아낌없이 해준 박현근코치님, 슬며시 내민 손을 꼭 잡아주신 최원교 대표님, 언제나 '너는 할 수 있어!, 잘하고 있어'라고 응원해주는 유진이, 천국에서도 지켜보며 '괜찮아'라고 말해주는 한희, 언제라도 연락해도 늘 같은 마음으로 받아주시는 혜진 간사님, 간사님 글은 다 읽게 되요라는 한마디로 여기까지 올 수 있게 응원해준 남궁주영, 17년 동안 한결같은 마음으로 기도해주시는 철승간사님, 애정 사모님, 그리고 우리 가정의 사역동역자님들께 감사의 마음을 전한다. 그리고 무엇보다 나를 믿어주시고, 응원해주시는 우리 엄마, 아빠, 시부모님, 그리고 우리 가정에 보물같은 해준, 해민, 하윤이와 늘 곁에 있어 주고 응원해주고 기도해주는 정선비, 우리 신랑 정성원에게 감사의 마음을 전한다.

2021.04.25. 이른 새벽. 공감에 진심인
강은영

part 2

살아온 기적, 살아갈 기적

part 3

그래서 뭐! 트라우마 그까이 껏!

part 4

나와 소중한 가족을 지키는
위기관리 열쇠

마치며

part 1

인생은 언제나
위기관리의 연속이다

위기관리가 없이는 인생도 없다

언제나 위기는 찾아오고 내가 어떻게 대처하는지에 따라 삶
이 달라진다. 모든 순간이 내가 예측할 수 없는 위기가 찾아올 가
능성이 있다. 어느 날 갑자기! 나에게 왜 이런 일이 생겼지? 라는
건 없다. 어쩌다 보니 나에게 왜 이런 일이 일어났지? 라는 것도
없다. 그저 우리의 삶에 함께하는 위기를 언제 어떻게 마주하게
되는지는 아무도 모르기 때문에 반가워! 할 수는 없지만 그렇다
고 갑자기? 어쩌하다 보니는 아니다. 위기가 오면 일단 멈추고 그
럴 수 있다고 생각하면 된다. 무슨 이유가 있어서 이런 일이 생겼
을지를 생각하자. 내 탓, 네 탓 하기 전에 분명 상황과 사건에는

이유가 있기에 잠시 멈추고 심호흡을 해보자. 다 잘되기 위함이다. 다 일을 성취하고 마치기 위함이다. 나의 고민이 해결되는 순간일 수도 있고, 잘못된 길로 가고 있었다면 길을 찾는 순간일 수도 있다. "모든 것을 합력하여 선을 이루시는 하나님" 덕분에 감사할 수 있는 이유가 또 이런 이유이다.

위기를 전혀 예측할 수 없다는 것은 굉장히 당황스럽고 어려울 수 있다. 그러나 예측할 수 없기에 우리는 모든 순간 지키시고 보호해주시는 하나님의 신실하심을 순간마다 경험할 수 있는 것이다. 우리가 그 위기를 뚫고 극복 할 수 있는 힘을 주시는 분도 하나님이시다. 그리고 그 위기 중에 다시 시작할 힘을 주시는 분도 하나님이시다. 그럼에도 두렵다. 내 인생에 커다란 파도가 덮칠 것 같고, 다시 이게 끝일 것 같고 넘어지고 또 넘어질 것 같다. 죽지 않는다는 보장이 있다면 파도는 위험할수록 흥분된다는 말이 있다. 그 죽지 않는다는 보장을 누가 해줄 수 있을까? 내 안에 그런 믿음이 있을까? 나는 늘 그 물음에서 멈칫한다.

하나님께서는 나에게 언제나 스데반처럼 죽으라고 하시는 분이실까? 벼랑 끝에서 뛰어내리는 것이 진짜 믿음이라고 하시는 것일까?

간사를 시작하기 전, 벼랑 끝에 서는 용기라는 책을 읽었다.

정말 믿음으로 사는 삶이 어떤 삶인지를 가르쳐 준다길래 읽다가 도저히 간사의 삶을 살 수 없는 믿음 없음을 보며 좌절했던 시간이 생각이 난다. 그럼에도 여기까지 오게 하신 하나님의 인도하심이 참 어마어마하다. 이젠 하나님 없이는 살 수 없음에… 뛰어내리지 않아도 못살 인생이라면 뛰어내리고 한 번 마음껏 자유하며 진정한 생명이 시작되는 예수님의 품에 안겨 살아봐야겠다. 절벽에서 뛰어내려 참된 자유와 진정한 생명이 시작되는 예수님의 품에 안겨봐야겠다.

당신은 언제 하나님을 찾고 만나는가? 평안하고 행복하고 모든 날이 좋았을 때인가? 아니면 처절하게 무너지고, 엉망이고, 죽을 것 같이 힘든 순간에 하나님을 부르는가? 누군가 그랬다. 평안하고 행복한 그 순간에도 하나님을 찾고 만나는 사람이 진짜 믿음이라고 말이다. 그렇다고 위기의 순간에, 힘든 순간에 하나님을 찾지 말고 스스로 이겨내고 편안한 순간에 하나님을 찾으라는 말이 아니다. 위기의 순간에 하나님을 찾고 부르는 것은 당연하다는 이야기다. 그 당연함을 왜 믿음 없음으로 이야기 하는 사람들이 많은지 모르겠다.

우리의 삶에 위기는 필수옵션이다. 선택하고 나면 편해진다. 나는 그 당연함에 관해서 이야기하려고 한다. 그리고 선택한 위기를 어떻게 다루어야 하는지에 대해 이야기해 보려고 한다.

위기관리가 없이는 인생도 없다.

그날은 그렇게 시작되었다

그런 날 있지 않나? 머리를 질끈 묶었는데 너무나도 예쁜 그런 날. 그리고 유독 몸이 가벼운 그런 날 말이다. 그날은 유난 히 기분이 좋은 날이었다. 그날은 담당하고 있던 캠퍼스를 졸업 한 직장인 리더들의 1박 2일 워크숍이 있었다. 그래서 그곳에 참 석하기 위해서 굉장히 이른 아침부터 준비하고, 여행 간다는 마 음으로 설렘 가득 안고 집을 나섰다. 막 현관문을 나가고 한 걸음 내딛는 순간 옷을 갈아입고 싶어졌다. 예쁜 샤랄라 치마를 입었 는데 그냥 문득 청바지로 갈아입고 싶어졌다. 그래서 청바지에 운동화까지 바꿔 입고 워크숍 장소로 향했다. 사실 기억이 단편

적으로 남아있다. 그날 같은 캠퍼스를 같이 담당하는 간사님 차를 타고 갔는지. 기차를 타고 갔는지 기억이 없다. 아무리 애써서 생각해 보려고 해도 기억이 안 난다. 뭐 중요한 것은 워크숍 장소에 잘 도착했다는 것이다. 도착해서 보니 장소는 정말 내가 생각했던 것보다 훨씬 더 좋았다. 자연과 함께 있었던 곳은 여유가 있었고, 보고 싶었던 사람들을 만나고 함께 어울릴 수 있었다는 것이 행복했다. 참 많이 웃었다. 졸업 이후에도 같은 마음으로 모임을 하는 선배님들의 모습 하나하나가 다 반짝반짝 빛났던 순간들이었다. 멋진 저녁 시간을 보내고 지나온 발걸음을 이야기하며, 앞으로 나아가야 할 방향과 계획에 대해서 나눴다. 정말 두근두근했다. 의사, 간호사, 약사로 이뤄진 아가페의 선교사역은 너무나도 귀하고, 중요한 선교사역이었기에 나누시는 한 분 한 분의 이야기에 내가 앞으로 만날 예비 의사, 간호사, 약사들을 어떻게 대할 것인가를 생각해 보는 계기가 되었다. 정말 마음 같아서는 하루 자고 다 같이 집으로 돌아갔으면 좋았을 그런 날이었다. 하지만 다음 날 아침부터 출근해야 했다. 분명 중요한 일이었는데. 왜 출근을 해야 하는지는 기억이 없다. 그리고 사역하던 교회에도 출근해야 했기에 나는 늦은 밤 숙소에서 나왔다. 마침 대구역으로 나가시는 선배님이 계셔서 그 차를 얻어 타고, 정말 편하게 대구역까지 왔다. 대구역도 개인적으로 좋은 추억이 있던 곳이라 대구역에서도 기분이 좋았다. 그렇게 기차를 타고 광주역에 도착했다. 그리고 택시를 타고 집 앞에서 내린 시간이 새벽 4시가 넘은 시간이었다. 누군가는 이미 활동을 시작한 시간이었다. 집 앞 도착하는 순간 얼마나 피곤이 몰려오던지⋯ 3시간쯤 자고 일어나서 다시 출근해야 하는 상황이었지만 즐거웠다. 보통 1층에서 엘리베이터를 타곤 했는데. 그냥 새벽 4시가 넘은 시간이라 나름대로 1층 사람들을 배려하고 싶었던 마음에 지하주차장을 통해서 엘리베이터를 이용하려고 했다. 자연스럽게 지하주차장으로 향했고, 엘리베이터를 기다렸다. 엘리베이터 문이 열리기 직전에 검은 모자를 깊게 눌러쓴 누군가가 옆으로 다가왔다. 그 순간에도 나는 놀랐다. 옆으로 오는 줄도 몰랐고, 어디에서 있다가 왔는지⋯ 전혀 예상이 안 되었기 때문이다. 고개를 돌려 얼굴을 확인하고 싶었다. 그래서 고개를 돌려서 쳐다봤지만, 그 순간 그 사람도 고개를 돌리는 바람에 확인하지 못했다. 탈까 말까를 엘리베이터가 내려오는 순간 얼마나 고민했는지 모른다. 엘리베이터 문이 열리고 나는 먼저 탔다. 그리고 그 사람도 내 뒤를 따라 탔다. 사실 층수를 누리지 않고 잠시 멈칫했다. 그때 멈칫의 느낌은 아직도 남아있다. 온몸에 긴장이 되고, 갑자기 잠이 확 깰

정도의 싸한 느낌은 지울 수가 없다. 우리 집은 5층이었다. 5층을 눌렀고, 그 사람은 9층인가를 눌렀다. 9층을 누르니 그 순간 모든 긴장이 다시 풀렸다. 아, 9층에 사는 사람인가 하고 나도 모르게 생각했던 것 같다.

"딩동~"

문이 열리고 내가 내리려던 찰나, 나의 그 날은 시작이 되었다. 갑자기 뒤에서 달려와 나를 덮쳤다. 어떻게 방어할 틈도 없었다. 악! 소리 한 번에 무너진 나였다. 두 무릎을 바닥에 정통으로 찍으면서 온몸에 힘이 빠졌다. 그럼에도 정신은 차려야겠다는 마음에 눈을 뜨려고 했지만, 도저히 눈이 떠지질 않았다. 어찌나 힘이 세던지 내가 어떻게 할 수가 없었다. 내 몸 위로 올라탄 그 사람은 나의 목을 손가락 3개로 목을 졸랐는데. 점점 숨이 쉬어지지 않았고 정말 이대로 죽을 것 같았다. 그래서 다시 발버둥을 쳤다. 나의 처절한 발버둥을 시작으로 무자비한 폭행은 시작되었다. 사실 우리 집 아파트는 복도식인데 옛날 복도식이라 거실 같은 형태로 이뤄진 아파트라. 사방이 다 문이고, 집인 곳인 곳에서 폭행을 당했다. 이대로 죽는구나 싶었다. 바로 저 앞이 우리 집인데 말이다.

"가만히 있어. 조용히 있어. 그냥 좀 만져볼게."

소름 끼치는 저 세 마디는 잊을래야 잊을 수 없다. 내 귀에 속삭이듯 말했는데 저 말이 나에겐 엄청나게 크게 들렸고, 눈물이 났다. 내가 말을 하려고 소리를 다시 내려고 하니 목을 다시 졸랐다. 이렇게 나는 죽는구나 싶었다. 온몸을 더듬던 손의 느낌은 무슨 말로도 지금도 표현할 수 없다. 살고 싶었다. 정말 맞아서, 목 졸려서 죽는 게 이런 거구나 싶었던 찰나에 나는 하나님을 부를 수밖에 없었다. 도와주세요. 살려주세요. 소리는 못 냈지만, 그 순간 살고 싶었다. 그렇게 살려고 다시 한번 힘을 주었다. 나는 벌떡 일어났다. 어떻게 일어나게 되었는지는 모른다. 정말 벌떡 일어났고, 눈을 떴다. 누군가가 나를 일으켜 세워주시지 않았다면 절대 일어나지 못할 그 순간에 나는 일어나서 그 사람의 눈을 봤다. 똑바로 쳐다봤다. 그렇게 그 사람은 도망을 갔고 나는 집으로 뛰쳐 들어갔다.

엄마는 일어나 계셨다. 내가 악! 했던 그 순간 엄마는 소름

이 돌고, 심상치 않은 악 소리에 눈이 떠졌다고 했다. 그래도 차마 문을 열어 보진 못했다고 했다. 내가 그렇게 당하고 있던 그 순간 5층 11개의 현관문 중 단 하나도 열리지 않았다는 것이 지금도 무섭다. 잠시 정신을 차린 후 얼굴을 씻고, 피가 묻고 찢어진 옷들을 갈아입고 경찰서에 신고했다.

"저 성폭행 신고를 하려고 하는데요."

아직 끝나지 않는 길고 긴 그 날의 악몽 같은 날은 경찰 신고와 함께 또다시 시작되었다.

나를 함부로 대하지마

아무에게도 말하지 않으면 모를 일이었겠지만 그때의 나는 굉장히 용기 있었다. 살았다는 것만으로도 살아야 할 이유가 되었기 때문이다. 목이 졸렸던 탓에 목소리는 잘 나오지 않았다. 정말 이렇게도 많은 경찰이 올 줄은 상상도 못 했다. 그리고 어느 순간 나는 신고 자체를 잘못한 사람이 되어갔다.

"성폭행 신고 신청받아서 출동했는데요 피해자가 누구인가요?"

"전데요."

"……………………. 진짜 성폭행인가요?"

"성폭행 아닌가요?"

"성기가 삽입되었나요?"

"그건 아니지만……. 제 온몸을 만지고 저를 때리고 목도 졸려서 죽을 뻔했는데요."

"하…. 그 정도를 성폭행으로 신고하신 거예요? 그건 그냥 폭행입니다. 별일 아니었네요."

"……………… 죄송합니다……."

난 마치 허위 신고를 한 잘못한 사람이 되는 것 같았다. 별일 아니었다니! 나에게는 삶과 죽음의 경계에서 빠져나오기까지 얼마나 무섭고 두려웠고 아팠던 시간이었는데…. 마치 아무 일도 아닌 것처럼 대하는 경찰관의 태도에 상처를 받았다. 상처를 받으면서도 경찰관, 강력사건이라 생각하고 형사까지 출동시킨 나는 점점 잘못한 사람이 되어가고 오히려 죄송하다는 말까지 했다. 내가 왜 죄송해야 하는지는 모르겠지만, 조건 반사 같은 반응이었던 것 같다. 마치 그 순간 제일 잘못한 사람은 성폭행으로 신고한 내가 되어가고 있었다. 어떻게 경찰서까지 갔는지는 모르겠다. 기억이 없다. 경찰차를 타고 갔는지…. 택시를 타고 갔는지…. 아빠 차를 타고 갔는지 전혀 기억이 없다. 어찌 되었든 기억은 경찰서에서부터 다시 시작된다.

"몇 시에 광주역에 도착해서 몇 시에 집 앞에 도착했나?" "그때 뒤따라오는 사람 있는지 몰랐나?"

"전혀 몰랐나?"

"그래서 그 사람이 어떻게 했는지부터 말해보자."

"어디 어디를 어떻게 만졌나?" "목은 어떻게 조르던가?"

"몇 대 맞았나?"

정말 열심히 대답했다. 취조당하는 것 같았지만. 열심히 대답했다. 그리고 나자 한마디 하셨다.

"아, 내가 담당자가 아니라 저기 저분에게 다시 말하면 돼."
라고 말하며 가리킨 곳에는 경찰관 한 분이 앉아계셨다. 이게 무슨 일인가 싶었지만…. 그냥 이미 피해자가 된, 잘못한 사람이 된 나는 말을 참 잘 들었다. 그 경찰관의 태도도 별반 다르지 않았다. 굉장히 무미건조했으며, 귀찮음이 목소리에도 묻어 나왔다. 그리고 존댓말을 했는지 어땠는지도 기억이 정확하진 않지만, 그대의 느낌은 남아있다. 전혀 존중받지 못한 나이 어린 여자애 정도로 느껴졌다. 별거 아닌 일을 별거인 것처럼 신고한 나로 인해 지금 이게 무슨 일인지 모르겠다는 인상도 받았다. 또다시 사건 이야기를 하게 되었다.

"그 사람이 어떻게 했는지 말해보세요."

그럴 수 있다. 사실을 확인하고, 정확하고 구체적으로 진술해야 하니까. 그럴 수 있다고 생각했지만…. 난 이미 마음이 상해갔다. 마치 가십거리가 되어가는 것 같았다. 부끄러워졌다. 갑자기 그 모든 순간이 부끄러워졌고 내 잘못이라고 생각되기 시작했다. 남자 경찰들만 있었던 곳이었다. 책상에 발을 올리고 계셨다. 삐딱하게 서서 나를 보고 있었다. 그 눈빛 하나하나가 미친 듯이 싫었다. 그래서 나는 휴대전화를 들었고, 그때의 상황도 찍었다. 내가 나중에 이 경찰서 폭로하겠다는 심정으로 찍었다. 물론 그때의 영상은 어디에 있는지 모르겠다. 그렇게 불성실하게 느껴진 2번째 진술을 끝으로 진술은 끝이 날 거로 생각했는데 내 생각일 뿐이었다.

"아, 제가 담당자여서 저에게 말씀하세요."

그렇게 또 한 번 담담하게 다시 설명하기 시작했다가 다시 그 사람이 어딜 어떻게 얼마나 만졌냐는 질문에 폭발했다.

"저 더는 여기서 말하고 싶지 않아요! 여자 경찰관 불러주시면 그분에게 다시 말할게요! 이미 벌써 3번 이야기했는데 그것으로도 부족하시면 이젠 여자 경찰관 아니면 말 안 할 거예요"라고 말했다.

내가 이렇게 말할 수 있었다는 것도 놀랍다. 그랬더니, 작은 방으로 안내해 주었다. 작은 공간이 나에게는 안정감을 주었다. 넓었던 그곳에서 남자 경찰관들을 벗어났다는 것만으로도 숨이 쉬어졌다. 그리고 한참 지나자 주섬주섬 여자 경찰관이 내려오셨고, 무슨 일이냐고 물어보셨다. 무슨 일이라니……. 여기서 나는 그냥 마음이 무너졌던 것 같다. 관심이 없었구나, 전혀 이분들에게는 이 상황이 아무것도 아닌 일이었구나 했다. 그럼에도 다시 처음부터 이야기했다. 그리고 난 이미 3번이나 똑같이 말했는데 혹시 저 또 말해야 한다면 녹음해달라고 했다. 녹음파일로 진술하겠다고 했다. 그랬더니 아, 그러셨냐고 이만하면 된 것 같다고 하고 가셨다. 그러고 나서 마지막에 일어나서 얼굴을 봤으면 기억나는 게 있냐고 했다. 나는 기억이 안 난다고 했다 다만 첫 느낌의 인상은 내가 아는 어떤 사람과 비슷하다고 했다. 그 말을 하는 순간 그 사람 누구냐, 어디에 사냐, 왜 그 사람이라고 생각하냐고 물어보셨다.

그 사람이라고 한 적 없다. 그냥 그런 느낌의 생김새일 뿐이라고 다시 말했다. 지금도 생각하면 아찔하다. 경찰서에서 너덜너덜해진 기분이었다. 그렇게 나는 진술을 마쳤다.

그리고 입원을 했다. 목소리는 잘 나오지 않았다. 온몸엔 상처가 가득하였고, 목을 졸렸던 탓에 목이 굉장히 아팠고, 특히 두 무릎은 말해 무엇 하나 나의 몸무게와 그 사람의 몸무게를 그대로 버텨낸 무릎이라 인대가 끊어졌고, 한동안 치료를 받아야 했다.

그리고 나는 그날 TV 뉴스에서 나를 마주했다.

그 날이 남긴 흔적 _상처

육체적 상처는 치료하면 그뿐.

마음의 상처는 누구도 치료할 수 없었다.

트라우마 반응은 나의 의지의 영역이 아니었다.

CCTV가 바로 확보가 되었기 때문에 증거로도 제출했다. 뉴스 영상은 바로 그 제출했던 증거 영상이었다. "지난 새벽 귀가하던 20대 여성이……." 나를 아는 사람이 보면 누가 봐도 나의 뒷모습이었다. 보고 싶지 않았다. 사람들에게서 연락이 오는 것도 사실은 싫었다.

"괜찮아?"라고 물어보면 "괜찮아!"라고 답할 수밖에 없었다. 그리고 나면 늘 똑같은 질문이 이어졌다. "어떻게 된 일이야?" 궁금해 했다. 어떻게 된 일인지…. 관심의 90%는 그 사람! 그 일! 그 상황이었다. 글쎄…. 그때의 나는 나의 마음을 어떻게 표현해야 할지 몰랐던 것 같다. 그리고 부정적이고 힘든 마음은 잘 나누지 않았던 것 같다. 하나님을 믿는 사람들 앞에서는 더더욱 그러했다.

'그럼에도 불구하고 감사해요.'

'그럼에도 불구하고 모든 것을 합력해서 선을 이루시는 하나님을 신뢰해요.'

그냥 의지적으로 말했던 것 같다. 괜찮지 않았지만, 그냥 내 마음을 어떻게 표현해야 할지 몰랐었기 때문이다. 그들이 나를 얼마나 많이 이해하고, 알아줄지 몰라서 그냥 '괜찮아'라고 말했다.

괜찮다는 말이 사실 괜찮지 않다였다는 건 누가 알아주었을까? 아무도 몰랐을 것 같다. 그렇게 나는 진심을 전하는 데 늘 익숙하지 않았던 것 같다. 입원하는 동안 몸은 점점 회복되었다. 잠도 많이 자려고 노력했다. 노력은 했지만 잠은 최대한 늦게 잤던 것 같다. 작은 소리에도 깜짝 놀랐다. 그때는 누가 내 옆에 있는 것조차도 싫었다. 귀찮고, 불편했다. 오롯이 나 혼자인 시간이 가장 편했다. 육체적 상처는 치료하면 그뿐이지만 내 마음의 상처는 누구도 치료할 수 없었다. 꿈도 내가 의지적으로 꾸고 싶지 않다고 해서 꾸지 않는 것도 아니고, 작은 것에도 놀라고 심장이 쿵쾅거리는 것도 나의 의지로는 어찌할 수 없는 영역이었다. 누가 다가올 때도 그저 악수하자고 내민 손도, 어깨를 토닥여주는 것도 이젠 쉽게 되지 않았다. 기도할 때 참 많이 안아주며 기도했었던 나였다. 손을 잡고 함께 기도했던 나였는데…. 그냥 싫어졌었다.

삶이 끝났다고 생각했다

나에게 왜 이런 일이 생겼을까? 삶이 끝난 것처럼 느껴졌다. 사실 내 마음의 에너지가 전혀 남아있지 않게 소진된 상태가 되었다. 아무것도 하기가 싫어졌다. 내가 하나님을 믿고 정말 최선으로 열심히 살아온 결과가 이런 거라면 그냥 다 내려놓고 싶어졌다. 그리고 두 가지의 양가감정이 내 안에 생겼다. 아무도 만나고 싶지 않다는 감정과 그래도 누군가 들은 병문안 와줘야 하는 거 아닌가? 라는 두 가지 감정의 대립은 매일 매 순간 나의 감정을 오르락내리락 만들었다. 괜히 섭섭해지고, 괜히 서운해지면서도 오늘 하루 무사히 지나갔구나 하기도 하면서 말이다.

새벽을 두 번 만나며 살았던 삶이었다.
누구보다 최선으로 살았던 삶이었다.
새벽을 두 번 만났다.
하나님을 위해 기꺼이 헌신하고, 희생했다 생각했다.
그러면 나를 더 사랑해줄 거라 생각했다.

하나님을 인격적으로 만나고 내 삶은 완전히 바뀌었다. 모든 순간 하나님 없이는 살 수 없었고, 하나님 말씀대로 살려고 했다. 하나님이 참 좋았다. 살아계시고 따뜻하게 나와 늘 함께 해주신다는 그 안정감이 정말 좋았다. 감사했다. 그래서 정말 하나님을 위해 사는 것 자체가 내가 살아갈 이유가 된 것처럼 살았다. 그쯤 가족들과도 사이가 좋지 않았다. 왜인지 모르겠지만 남동생과 나는 서로 보기만 하면 죽일 듯이 싸웠고, 왜 그렇게 나를 싫어했는지 모르겠지만 함께 있는 것이 늘 살얼음판을 걷는 기분이었다. 서로에게 상처 주지 않고 표현하는 방법을 잘 몰랐을 수도 있다. 내 편은 아무도 없는 것 같았다. 그래도 집을 나오면 살 것 같았다. 나를 인정해주는 사람들, 나를 좋아하는 사람들 곁에서 숨을 쉬며 살았다. 그때 나는 하나님을 빼고는 나의 하루를 설명할 수 없는 삶을 살았다. 그냥 처음과 끝이 다 하나님이였다. 그러면 나를 더 사랑해줄 거라 생각했다. 그래서 정말 모든 일을 잘 해내고 싶었다. 잘해야만 했다. 잘못하면 안 될 것처럼 살았다. "나 잘했지?"라는 질문을 입에 달고 살았다. "응! 잘했어"라는 말을 듣기 위해 사는 것처럼 살았다. 그때의 나는 꿈도 비전도 그냥 하나님이였다. 한마디로 하나님께 미쳐있었다. 어쩌면 하나님의 존재가 아니라 하나님을 믿는 나, 하나님을 위해 사는 나, 그리고 그런 나에게 잘했어! 라고 말해주는 누군가를 위한 삶을 살고 있었는지도 모른다. 뭐 어찌 되었든 나는 하나님을 위해 나의 목숨도 아깝지 않다는 찬양을 거리낌 없이 불렀다. 한 알의 밀알의 의미가 어떤 의미인지 가슴으로 알지도 못하면서 말이다. 성경도 잘 몰랐는데 성경공부 인도를 하게 되면서 외우고 또 외워서 후배들에게 전했고, 매일 매일 사영리를 가지고 전도하며 살았다.

아침부터 밤 그리고 새벽까지 무던히도 애쓰며 살아왔다. 물론 모든 하루하루가 다 그런 것만은 아니다. 늦잠도 자고, 아무것도 하기 싫은 날도 있었고, 게으름의 끝을 달리기도 했지만 그렇다고 내가 하나님께 미쳐 살았던 나날들을 부정할 수 없었다. 나는 선교사의 삶, 사명자의 삶을 선택했다. 누군가에게 빌어먹고 사는 말까지도 들었다. 왜 그렇게까지 살려고 하냐고 답답하다는 말까지도 들었다. 그래도 나는 참 행복했다. 그래서 캠퍼스 선교사로의 삶을 시작했다. 정말 막막했던 시작이었다. 안정적인 월급을 받는 삶이 아니었다. 매달마다 채워주시는 하나님의 은혜로 살았다. 막연함에 두려움이 가득한 시작이었지만 그냥 용기를 낸 한 걸음 한 걸음을 채워가시는 하나님의 일하심에 감동하며, 감사하며 그렇게 나는 사명자로 살아갔다.

하나님이 원망스러웠다.
그 결과가 묻지마폭행이라니….

그렇게 열심히 살았는데 그 결과가 묻지마폭행이라니 참담했다. 나를 지켜주시고 보호해주신다 하셨는데 왜 나에게 이런 일이 생겼는지 그때는 모든 게 다 원망스러웠다. 하나님을 믿기 시작하면서 가족 안에서도 잘 어울리지 못하는 나 자신을 발견하고 다 싫었다. 그냥 꾹꾹 눌러 담아 둔 작은 상처들까지도 한꺼번에 터져 나왔다. 하나에서 열까지 다 화가 났고, 짜증이 났다. 부드럽게 걱정하면 그 걱정하는 말투가 마음에 들지 않았다. 또 아무렇지도 않게 즐겁게 이야기하고 나면 마음에 공허함이 소용돌이처럼 커져서 참을 수가 없었다. 기도할께라는 말도 듣기 싫었다. 어차피 그중에 몇 명이나 나를 정말 이해하고, 기도해줄까 싶었다. 나의 이야기를 듣고 다 안다고 착각하지 말라고 말하고 싶었다. 그런 나에게 어떤 누구도 뭐라고 할 수 없었던 삶이었다. "그래도 어쩌겠어! 다시 열심히 살아야지."라는 말을 들었다. 그 말이 상처가 되었다는 것도 나는 나중에서야 알아차렸다. 그땐 그냥 모든 말이 다 상처가 되었다. 마음의 상처는 누구도 치료할 수 없었다. 잠시 잠깐은 괜찮을 수 있었다. 잠시 잠깐은 위로받을 수 있었겠지만, 그 상처와 깊이는 누가 감히 판단할 수 없는 것이었다는 것을 나중에서야 알게 되었다.

사실 변명하고 싶을 때가 있다. 그냥 설명하고 싶을 때, 내가 왜 이러는지…. 내 상황이 이렇다는 걸 누구에게라도 이야기하고 싶을 때가 있지만 나는 잘하지 못한다. 그냥 나의 어려움,

고민을 이야기한다는 것이 늘 어려웠다. 그래서 그냥 즐거웠던 이야기, 행복했던 이야기, 신났던 이야기들을 더 많이 했다.

그러던 중에 이런 말을 들었다.

"너는 너무 모든 게 즐거워 보이고, 행복해 보여서 내 이야기 너에게는 하고 싶지 않았어."

정말 친한 친구들이라고 생각했는데, 그 말을 듣고 나니, '아. 친구들에게는 힘든 이야기, 어려운 이야기를 해야 하는 거구나'라고 여기게 되었다.

그러다가 나는 또 이런 말을 들었다.

"네가 부정적이라서 너랑 친구 하지 않으려고, 그래서 피했던 거야."

함께 의지가 할 수 있었던 친구라고 생각했는데 부정적인 사람으로 보며 나를 피했다고 이야기해준 그 친구 덕분에 나는 조금 혼란스러웠다.

'도대체 내가 얼마나 많이 부정적인 이야기를 했을까?' 사실 나는 나에게 맡겨진 일이 있다면 이해하지 못해도 일단 조직에서 원하는 결과를 위해 최선을 다했다. 때론 정말 힘들었을 수도 있다. 아무리 해도 안 될 때도 있지 않나? 그럴 땐 힘들다고 어렵다고 말해도 될 거로 생각했는데 그 누군가는 부정적이라고 느끼고 있었다는 사실이 또 나를 어렵게 만들었다.

그런 거 있지 않나? 나 굉장히 긍정적인 사람인데 그냥 그 순간 투정 부리고 싶거나, 불평하고 있긴 해도 묵묵히 그 일을 하고 있기도 한 그런 아이러니한 상황들이 있다. 나의 마음을 어렵게 했던 4명의 친구의 다른 이야기에서 내린 결론은 그들의 이야기에 더 집중하고, 들어줘야겠다였다. 아예 나의 이야기를 내 생각을 나의 상황을 이야기 한다는 것만 생각하면 차라리 안 하고 말지라고 여겼다. 그런데 들어주기만 하니⋯. "넌 왜 네 이야기를 하지 않아?"라는 이야기를 들었다. 한마디로 '나 보고 어쩌라는 거지?'였다. 그냥 불편할 바에는 그냥 좋게만 지내고 싶었고, 그러면서 나도 모르게 "그래, 그래" "괜찮아, 괜찮아"라고만 말하고 지내는 편을 선택했던 것 같다. 그래서 막상 정말 누군가에게 마음껏 힘들다고 말해야 할 때도 그냥 다 귀찮아졌던 것 같다. 말 하나에도 신경 쓰이고, 생각해야 할 에너지가 없었다. 그래서 차라리 아무 말도 듣지 않았고, 아무 말도 하고 싶지 않았다. 하지만 내가 정말 원했던 것은 나를 정말 이해하고, 나를 온전하게 받아주는 한사람이었다. 내가 그 어떤 말을 해도 나를 오해하지 않고, 그저 그 상황 속에서 울고 있는 나로 받아주는 그런 친구가 필요했었다.

나의 이야기를 한다는 것은 어떤 의미일까?

"지금 너의 이야기를 내가 듣는다는 것은 너를 내가 온전하게 이해하고, 오해함 없이 앞으로 너의 편이 되어준다는 뜻이야"라고 누군가가 나에게 말했다. 그리고 나는 이렇게 대답했다. "내가 너에게 나의 이야기를 한다는 것은 그만큼 너를 믿고, 의지하고 있고 이미 사랑한다는 뜻이야."

누군가의 이야기를 잘 듣는다는 것은 경청이다. 경청은 상대방의 말을 듣기만 하는 것이 아니라, 상대방이 전달하고자 하는 말의 내용과 더불어 그 내면에 있는 동기나 감정, 또는 욕구를 알아차리고 적절하게 반응해주는 것이다. 그래서 진짜 들었을 땐 반드시 어떠한 행동이 나오게 된다. 경청해주는 누군가에게 나의 말을 한다는 건 어쩌면 '나를 좀 봐주세요', '나를 알아주세요'의 굉장히 적극적인 신호의 시작이다.

사람이 온다는 건 실은 어마어마한 일이다. 그는 그의 과거와 현재와 그리고 그의 미래와 함께 오기 때문이다. 한 사람의 일생이 오기 때문이다 정현종, 방문객이라는 시의 내용이다.

이야기한다는 것은 마음을 전하는 것이다. 나의 이야기를 들어주고 계시는 독자님들과 그렇게 소통하고 싶다. 그저 인생의 한 계절의 조각조각들을 이야기하고 있지만, 마음을 전하고 있는 지금, 마음과 마음이 연결되길 소망한다. 때로는 불편할 수 있는 이야기일 수 있지만 난 이미 마음을 흘려보내고 있음에 나의 이야기에 누군가는 상처가 되지 않길 바란다.

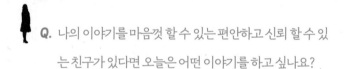

Q. 나의 이야기를 마음껏 할 수 있는 편안하고 신뢰 할 수 있는 친구가 있다면 오늘은 어떤 이야기를 하고 싶나요?

위기 속에 기회는 반드시 있다

유방 경계선 종양 발견

계기가 어찌 되었든 처음으로 종합검진을 받게 되었다. 그리고 유방에서 종양이 발견되었다. 처음엔 암이라고 했다. 그것도 너무 커서 빨리 수술해야 할 소견을 듣고 첫 진단을 받은 병원 복도에서 이런 비련의 여주인공이 세상에 다시 없는 것처럼 처절하게 울었다. 사람들의 눈치 볼 것도 없었다. 왜 이렇게까지 일은 몰아치는 거지? 도대체 왜? 라는 심정으로 울고 또 울었다. 그리고 그때 당시 일본에 있던 남자친구에게 전화했고 "헤어져"를 말했다. 물론 그때 그 남자친구가 지금의 신랑이라는 사실이 감사하다. 그렇게 펑펑 울고 나서 더 큰 병원에 갔다. 진료 예약을 하고 다시 검진한 결과 "경계선 종양"이었다. 암과 섬유종 사이의 경계, 조금만 늦었더라면 암이 될 확률이 높았다고 했다. 그렇게 나의 첫 유방종양은 암이 아닌 경계선 종양으로 판명되었고, 간단한 시술로 깨끗하게 제거가 되었다. 그리고 나는 병원기록 중 중 환자가 되었고 6개월마다 검진을 받으면서 몸을 더 소중하게 돌볼 수 있게 되었다. 누구나 문제가 생기고 위기가 발생하면 어쩔 수 없이 최악의 상황을 먼저 생각하게 된다. 내가 생각할 수 있는 최악의 상황은 암으로 인한 죽음이었다. 왜 그럴까? 어쩌면 살고 싶다는 최고의 반증일지도 모른다. 그리고 지금까지 열심히 살아온 나의 삶에 대한 측은함일 수도 있다. 어쩌면 나도 열심히 살아왔기에 더 열심히 살고 싶다며 병원 복도에서 그렇게 울었는지도 모른다. 그때는 몰랐지만, 지금은 분명하게 이야기 할 수 있는 것은 바로 위기라고 생각했던 묻지마 폭행이 나를 살리는 기회였는 사실이다. 지나고 보니 다 유방종양을 발견하기 위함이었다는 말이다. 우리는 살면서 정말 다양하고 많은 위기와 문제를 마주하게 된다. 당장 눈앞에 닥친 현실은 잘되지 않을 것만 같고, 망할 것 같고, 억울할 수 있고, 그냥 다 그만두고 싶을 만큼 힘들 수 있다. 취업을 준비하는 취준생에게 위기라는 것이 면

접에서 떨어지는 것만이 아니라 면접을 보는 순간일 수도 있다. 정말 믿었던 친구에게 배신을 당했을 때도 위기일 수 있다. 중요한 것은 그런 순간에 나는 무엇을 하고 있느냐이다. 그때 한 그 무언가가 분명 위기를 기회로 만들 것이다.

가해자가 잡혔다

어찌 되었든 나의 용기 있는 신고로 그리고 내가 말한 용의자의 모습을 토대로 수사 결과 용의자가 잡혔다. 알고 보니 연쇄 성폭행범이었다. 이미 우리 동네를 주변으로 많은 피해자가 생겼는데 용기 있던 한 사람이 없었다고 했다. 그렇게 내가 마지막 피해자가 되었다. 정말 끝이 났다고 생각했는데 나는 여전히 그 트라우마를 안고 산다. 그리고 8년쯤 지났을 때 전화를 받았다.

"여기 ○○ 형사팀인데요. 그때 신변 보호 요청하셨던 건으로 연락드립니다. 그때 수감되었던 ○○○은 형을 다 마치고 출소를 했는데요. 다시 신변 보호를 해드릴까요?"라는 전화였다. 신변 보호를 하기 위해서는 현재 어디에서 살고 있고, 무엇을 하고 있는지 상세하게 알려줘야 한다고 했다. 나는 거절했다. 알리고 싶지도 않았고, 신변 보호가 무슨 소용이 있나 싶었다. 사실 전화를 받고 또다시 몸이 떨리고, 아픈 것 같았는데 갑자기 웃음이 터져 나왔다. 그때의 나와 지금의 내가 달라도 너무 달라서 길 가다 만나도 나를 기억도 못 할 사람을 내가 왜 무서워해야 할까 싶었다. 그 당시보다 3번의 임신과 출산의 경험으로 거의 30킬로가 더 쪄있던 내 몸이 왜 이리 감사했는지 모른다. 그렇게 한 참 웃으면서 떨리는 몸을 진정시켰다. 세월이 지나고, 잊힐 사건이라고 해도 내 안에 강하게 박혀있는 트라우마의 반응은 조금도 약해지지 않았었다는 것을 다시 알게 된 순간이었다. 그래도 참 감사했던 것은 그때의 나와 다르게 단단한 마음의 힘이 있었다는 것이다. 트라우마는 여전히 남아 있었지만, 나의 마음의 힘은 트라우마만큼이나 커 있었다. 이것이 나의 2번째 기회라 말 할 수 있다.

가족들의 사랑을 느꼈다

나에게 관심이 없다고 생각했던 가족들의 마음을 그때 많이 알게 되었다. 묻지마 폭행 이후에 늦은 저녁 시간 퇴근하게 되면 마중 나와주는 가족들의 걸음걸음에서 가족의 든든함을 알게 되었다. 유방종양을 발견하게 되면서 종일 울고 있었을 때도 함께 울어주고 괜찮다. 해주는 가족들의 따뜻함도 알게 되었다. 그리고 왜 그렇게 사이가 안 좋다고만 생각한 남동생과의 관계도 차츰 회복되는 것 같았다. 그래서 그냥 나에게 일어난 엄청난 충격과 위기와 상처가 나에게 가족을 되찾아준 것 같았다. 지금도 잊을 수 없는 말이 있다. "하나님을 믿지는 않지만, 언니가 믿는 하나님이 계시다는 것은 알 것 같아". 여동생이 했던 말이다. 나는 그것으로도 충분했다. 그냥 나를 그대로 받아주는 것 같아서 감사했다. 나는 여전히 그때의 따뜻함과 든든함으로 아직도 살고 있다. 만약 묻지마 폭행 사건이 없었더라면 미처 몰랐을지도 모른다. 그만큼 위기였던 일이 나에게는 가족의 사랑을 알 수 있게 된 기회가 되었다.

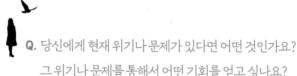

Q. 당신에게 현재 위기나 문제가 있다면 어떤 것인가요?
그 위기나 문제를 통해서 어떤 기회를 얻고 싶나요?

나는 여전히 트라우마와 함께한다

트라우마뿐만 아니라 위기의 상황을 만났을 때 '나만 그럴 거야. 나만 문제야'라고 생각하는 것은 굉장히 나의 문제를 과대해서 보는 것이다. 나만 불쌍히 여기는 것이 아니라 다른 사람들도 나처럼 그럴 거야'라는 것으로 다가가야 한다.

묻지마폭행의 피해자라고 말하기 시작했다.
저 묻지마폭행의 피해자예요라고 말하기 시작했다.
나를 받아들이기 시작했다.

그때부터였다. 누군가가 병원을 찾아오면 그때의 일을 상세하게 말해주었다. 그저 말하면서 나의 마음도 다시 한번 인정하고, 받아들여 지는 것이 필요했었던 것 같다. 그래서 말하고 싶지 않아도 그냥 그렇게 한 번 이야기 하고 나면 속이 조금은 풀어지는 것 같기도 했지만, 때론 상대방의 태도에 괜히 이야기했구나 하기도 한다. 그럼에도 이야기해야 한다. 이야기하다 보면 나를 보게 된다. 이야기하다 보면 나도 모르게 깨달아지는 마음들이 있다. '아, 내가 그랬었구나' 한다. 그럴 시간이 필요하다. 구멍이 송송 난 바구니가 있다고 하자. 그 바구니에 아무리 물을 부어도 바구니에는 물이 담길 수가 없다. 그저 구멍 난 곳으로 물이 빠져나갈 뿐이다. 그렇다고 구멍 난 바구니에 물을 붓는 것을 의미 없다고 말할 수 있을까? 아니다. 물이 빠져나가고 나면 바구니는 깨끗해진다. 깨끗해진 바구니 자체가 의미가 있는 것이다. 우리의 마음도 그렇다. 무엇으로 채울 수 있을까? 무엇을 담아야 할까? 가 아니다. 그저 흘려보내고, 그저 비워가는 것도 살아가는 방법일 수 있다. 나는 아주 많은 것들을 배웠다. 살아내려고 배웠다. 그러면 그 순간만큼은 가득 채워진 것 같다는 생각이 들었기 때문이다. 그렇다고 배운 것을 가지고 내가 완벽하게 살아내고 있다고 말할 수는 없다. 그냥 나는 마음을 비워가는 방법으로 배움을 선택했을 뿐이다. 다양한 새로운 것들을 배우면서 마음을 비워갔다. 10가지를 배우고 1가지만 남았어도 설령 1가지조차 남지 않았을지라도 그 과정을 통해서 마음 한쪽에는 누군가의 이야기를 듣기 위해 비워냈으리라 확신한다.

그래도 뭐! 트라우마 그까이껫!

길을 걷다가도 문득, 밥을 먹다가도 문득 그렇게 문득문득 생각날 수 있다. 그럴 때 그 순간을 놓치지 말고 그때의 나와 마주하면 된다. 그렇게라도 살아가 보자. 트라우마를 그 두려움을 완벽하게 비워내라는 말이 아니다.

요즘 틈나는 대로 걷고 있는 어제도 그랬다. 걷다가 뒤돌아보니 모자를 쓰고, 어두운 옷을 입고, 뚜벅뚜벅 걸어오는 사람이 있었다. 걷다가 뒤돌아보는 것은 그날 이후로 생긴 나의 방어 반응이라는 것쯤은 이제는 인지하고 있다. 뒤돌아보는 것은 나도 모르게 한다. 의식적으로 뒤돌아보지 말아야지 해도 뒤돌아보게 된다. 그래야 안심이 되기 때문이다. 어쩌겠나 그렇게 그냥 뒤돌아보면 안심이 되고 평안해지는 것을 억지로 하지 않을 필요가 있을까? 사람들의 얼굴을 확인해야 마음이 평안해지는 것을 하지 않을 이유가 없다. 애써서 뒤돌아보지 않고 계속 심장이 다시 쿵쾅대고, 어떻게 해야 하지? 하고 걸음이 더 빨라지며 힘들어할 필요가 없다. 혹여나 용기를 못 내고 힘들 때도 있지만 그럴 땐 잠시 멈추고 심호흡 한 번, 쉬어가면 된다. '그랬구나. 너는 그때 이렇게 피하고 싶었던 거구나'라고 나에게 말해줬다. '괜찮아. 괜찮아.' 말하며 걸어가면 그것으로 된다. 언제나 그랬듯이 뒤돌아서 확인하면 그냥 그 사람은 자신의 길을 간다. 그리고 나는 나의 길을 다시 걸어갔다.

누가 그랬다.
'평생 어떻게 그렇게 살아?'
나는 이제는 이렇게 말해준다.
'Why not?'
이렇게 살면 되는 거 아닌가? 애써서 힘들게 이겨내려고 않아도 된다. 그저 트라우마 적인 반응이 나타날 때마다 그때의 나를 만나는 최고의 시간이라고 여기며 내가 나를 만나주면 된다.

트라우마 그까이 껏! 하면 되는 것이다. 그것이 지금의 나를 해치지 않고, 위협하지 않는다. 그래도 때론 불안할 수 있다. 그럴 때 굳이 애써서 불안해하지 않으려고 하지 말고 그 불안한 나를 만나주길 바란다. 불안하고 괴로운 그 순간을 완벽하게 이겨내지 않아도 된다. 그저 오늘은 불안하고 괴로울 수 있는 그런 날이라고 여기길 바란다.

> **나는 미래를 살아갈 자격이 있다.**
> **나는 이제 끝나서 미래를 멋지게 살아갈 수 없어.**
> **누가 그래!**
> **나는 미래를 살아갈 자격이 있어.**

나의 관점이 나의 시선이 어디에 있느냐에 따라 문제와 위기를 대하는 나의 태도는 달라질 수 있다. 내가 소유한 것과 소유하지 못한 것 중에 어디에 집중하고 있는가? 내가 소유하지 못한 것에 집중하게 되면 다른 사람들과 한없이 비교하게 된다. 옆집은 이렇고, 저 집 남편은 저렇고 등등 끝없이 비교하며 자신을 스스로 파괴하게 된다. 잘하는 것과 못하는 것이 보이면 무엇에 더 집중하게 될까? 만약 자녀가 수학은 못 하고, 음악은 잘한다면 무슨 학원을 보내게 될까? 보통은 잘하지 못하는 수학학원에 보낸다. 내가 통제할 수 있는 것과 통제하지 못하는 것 중에 어디에 집중하고 있는가? 잠잠히 생각해보면 내가 통제할 수 있는 것보단 통제할 수 없는 일에 더 많은 시간을 쏟고 고민하고 염려하며 살고 있다. 그 예로 코로나와 같은 상황은 내가 통제 할 수 있는 상황일까? 아니다. 다만 내가 할 수 있는 것은 방역수칙을 잘 지키고 백신을 맞는 것이다. 트라우마의 반응이 왔을 때 내가 통제하려고 한다고 해서 몸이 반응하지 않을 수 있을까? 앞에서 이야기했듯이 절대 그렇지 않다. 과거, 현재, 미래 중 어디에 집중하며 살고 있는가? 현재를 온전히 살지 못하고 과거의 후회 속에, 미래의 염려 속에 사는 사람이 있다. 어디에 집중하는 것에 따라 나의 오늘 하루가 달라진다. 미래의 염려로 사는 사람은 현재를 누리지 못한다. 오늘 내가 무엇을 하느냐에 따라 미래에는 오늘이 후회하지 않는 과거가 될 수 있다.

트라우마를 이기지 못해서, 위기 앞에 무너지는 자신을 보며 한심하고, 화가 나고, 속상하고, 실망스럽고, 쓰레기 같고, 실패자처럼 느끼며 자학하지 않길 바란다. 오늘보다 내일 더 나은 사람이 되려고 열심히 살려는 자신을 격려해주길 바란다. 내가 느끼는 불안함과 스트레스와 트라우마적인 반응들은 잠깐 그 순간일 뿐이다. 당장 죽을 것같이 힘든 순간도 다 지나간다. 완벽하게 버티고 이겨내려고 하지 않아도 된다. 이 순간도 금방 지나간다. 결국엔 반드시 지나간다. 그러니 오늘은 그냥 이만하면 된다. 그래도 충분히 잘 살았던 하루였을 것이다.

Q. '아! 트라우마 생겨!'라고 말해본 적이 있나요? 어떤 상황에서 트라우마가 생길 것 같나요? 그때의 나는 어떤 마음인가요?

Q. 오늘 몇 번이나 자신을 칭찬했나요? 한 번이라도 했다면 무엇을 칭찬했나요?

part 2

살아온 기적,
살아갈 기적

또 한 번의 라이프쇼크
_신랑의 심장마비

다시는 생각하고 싶지 않던 그 날의 기억

강하게 새겨진 죽음에 대한 트라우마

라이프 쇼크 상태

"정성원님 보호자 되시나요? 여기는 한국병원인데요, 지금 정성원님께서 심정지가 와서 연락드립니다. 급히 병원으로 와주셔야 할 것 같아요."

머릿속은 하얗게 되고, 손은 덜덜 떨리고, 다리에는 힘이 풀렸던 2017년 11월 15일 오후 3시. 그 날 나는 위암 말기로 투병 중이던 가장 친한 친구와의 시간을 보내고 있었다. 그리고 전화 받기 전에는 포항 규모 5.4 대 지진으로 2017년 수능시험 하루 전날임에도 1주일 시험연기라는 초유의 사태가 발생했던 그 날이었다.

그렇게 그 날 내 인생의 가장 추운 겨울이 시작되었다.

9개월 된 막내딸을 태우고 운전을 해서 광주에서 대전으로 갈 정신이 없었다. 어떻게 해야 할지, 지금 나는 무엇을 해야 할지 머릿속이 까맣게 되었다. "걱정하지 말고 잘 다녀와"라고 말해 준 친구와의 만남도 정말 포기할 수 없었는데…. 그렇게 다음 달에 꼭 다시 만나자는 약속을 하며 돌아섰다. '다음 달에도 만날 수 있겠지….'

삶과 죽음의 그 중간의 어느 선에 나의 신랑도, 나의 친구도 그렇게 그 중간 어딘가에 나와 함께 있었다. 광주에서 대전 한 국병원까지 나는 택시를 타고 갔다. 나와 막내딸만 보낼 수 없었기에 친정엄마도 함께 가주셨다. "괜찮을 거야. 걱정하지 마."라는 엄마의 위로도, 격려도 사실 그 어떤 소리도 들리지 않았다. 그 어떤 것도 보이지 않았다. 그 어떤 생각도 하지 못했다. 9개월 딸은 이 상황을 아는지 모르는지…. 그래도 정말 다행인 건 내 품 안에서 조용히 잠이 들었었다. 정말 조용한 택시 안, 그저 서로의 숨소리를 들으며 살아있음을 느끼며 신랑이 있는 한국병원에 도착했다.

"여보, 나 몸이 너무 안 좋아서 병원에 왔어. 오늘은 좀 쉬어야 할 것 같아."

"그럼 여보, 요즘 계속 몸이 안 좋았으니까 한 일주일 병원에 입원해서 검사받고, 치료받고, 좀 쉬어! 일주일 입원해 꼭!! 근데 왜 그 병원 갔어?"

이렇게 통화하고 나서 얼마 지나지 않아서 받았던 소식이었기에 정말 믿기질 않았다. 도착한 병원은 내 마음이 얼었는지 몰라도 정말 추웠고, 어두웠던 것 같다. 어디로 가야 하는지 일단은 몸이 가는 대로 갔던 것 같다. 중환자실로 오라는 연락을 받았고,

중환자실로 갔다. 바로 들어가서 볼 수가 없었다.

중환자실 앞에서 하염없이 그냥 서 있기도 하고, 앉아있기도 하고, 신랑 옆을 지켜주던 직장동료들과 이야기는 한 것 같지만 내가 무슨 이야기를 했는지는 기억이 안 난다. 울지 않는 나를 보고 이상하다고, 대단하다고 하셨지만…. 사실 나는 무서웠고, 두려웠다. 어떻게 울어야 할지, 어떻게 표현해야 할지 그마저도 생각나지 나질 않았다. 사람이 무섭다고 느낀 것이 신랑 소식을 듣고 여러분들이 찾아오시는데, 그럴 때마다 나는 왜 웃으면 안녕하세요~ 라고 인사를 했는지 모르겠다. 파블로프의 개처럼, 누군가를 보면 자동으로 웃으며 인사하고 살았던 나의 오랜 습관이 필터링 없이 그대로 작동했다.

"울지 못하는 거죠⋯⋯?"라는 교회 사모님의 말 한마디에 그때야 눈물이 터져나 왔다.

우는 방법을 몰랐던 게 아니라, 울지 못하는 상황이라는 것을 알아주셨다. 어디서나, 어느 때에나 반듯하게, 정돈하며 살아야 했던 삶. 누가 그렇게 살라고 하지 않았는데 그렇게 살았던 나의 사회적 자리에 대한 이해의 말 한마디가 목이 아플 정도로 답답했던 그때 나를 울게 했다.

그렇게 딱 한 번 울었다.

그때 그냥 목놓아 울었더라면, 그냥 주위 시선 신경을 쓰지 않고 마음껏 울었더라면 어땠을까? 그때 그냥 묵히고 묵혔던 감정을 다 쏟아 냈더라면 어땠을까?

"정성원 보호자님, 환자가 깨어났어요. 들어가서 보셔도 돼요. 들어가 보세요."

정성원 보호자님! 이라는 말만 들었을 땐 또다시 가슴이 철렁 내려앉았었다. 나도 모르게 움츠러들었고, 온몸이 덜덜 떨리기도 했다. 그렇게 중환자실로 들어가서 마주한 신랑의 모습에 나는 더 당황했다. 내가 알던, 모습이 모습이 아니었다. 굉장히 낯선 신랑을 만났다. 그래도 다시 마주함이 좋았다. 그제야 숨이 쉬어졌다. 그제야 진짜 웃음이 났다. 그제야 다른 사람들의 말이 들렸고, 주변에 누가 있는지도 돌아보게 되었다. 중환자실 앞에 아주 많은 직장동료와 제자들과 목사님들과 사모님들을 만났다. 이렇게 사랑받고 있었구나, 이렇게 우리를 걱정해준 사람들이 많이 있었다는 것에 힘을 얻었고, 그제야 춥고 어두웠던 병원이 참

따뜻하고 밝아졌다. 그리고서 행복하게 살고 있습니다의 해피엔
딩이었다면 그 추운 겨울은 또 잊힐 계절이었을 것이다.

신랑이 깨어난 이후 본격적으로 겨울을 마주했다

신랑은 직장동료들과 출장을 가던 날이었다. 몇 달째 무리
하며 일했던 터라 한 달에 2~3번은 수액을 맞으면서 버티며 지내
온 삶이었다. 누가 알아주는 것도 아니고, 누굴 위해서 살았던 삶
이 아니기에 하소연할 곳도 없었다. 우리가 선택했던 우리의 삶
이었기에 그저 묵묵하게 버티며 살았다. 새벽에 나가서 새벽에
들어왔던 약 2주간의 삶을 지나오며 힘겹게 일어난 2017년 11월
15일은 아침에 일어난 순간부터 몸이 이상했던 날이었다. 신랑
의 심장이 계속 뛰는 것이 느껴지고, 온몸에 식은땀이 나고, 힘도
없고 그런데도 아침에 모임이 있어서 꾸역꾸역 아침 모임에 갔고
동아리방 청소까지 하고 집에 왔다고 한다. 조금 쉬면 괜찮아 질
거로 생각했지만 계속 몸이 이상해서 한의원을 갔다. 한의사 선
생님께서 오늘은 제발 쉬라고 하셨다고 했다. 어디 가지 말고 꼭
집에 있으라고 하셨다. 하지만 꼭 가야 할 출장을 뒤로 미룰 수가
없었기에 직장동료들을 차에 태우고 출장을 가던 중이었다. 운

전 중이던 신랑이 도저히 운전할 수 없을 만큼의 상태를 느끼고, 옆에 있던 직장동료와 운전대를 바꿨다고 한다. 그런데도 신랑의 상태는 점점 안 좋아졌다. 결국, 뒤에 타고 있던 직장동료들의 성화에 대전 IC 직전에 차를 돌려서 가장 가까운 한국병원에 갔었다고 한다. 기본 검사를 해도 원인을 알 수 없었다. 그래서 하루 입원해서 수액을 맞고 상황을 지켜보기로 하면서 나에게 전화를 했었다.

"여보, 나 몸이 너무 안 좋아서 병원에 왔어. 오늘은 좀 쉬어야 할 것 같아."

그래도 자기 일을 두고 일주일씩 쉴 사람이 아니었기에 그냥 하루 수액 맞으면 회복될 것이라 믿었던 것 같다. 신랑이 환자복으로 갈아입으면서 병원으로 제일 먼저 와준 동료 선배님과 이런저런 이야기를 하던 중에 신랑이 대답을 안 했다고 했다. 이상하다고 생각해서 뒤돌아보니 심장마비로 몸이 굳어가고 있었다. 그 모습을 발견함과 동시에 간호사 선생님을 불렀지만 달려오신 간호사 선생님도 당황했다고 했다. 그러던 차에 퇴근하려고 신랑 병실 앞 엘리베이터 앞에 마침 서 계시던 수간호사님이 상황을 알아채고 빠르게 와서 심폐소생술을 했다. 신랑이 있던 6

층에서 집중 응급센터가 있는 1층으로 내려가기까지 쉬지 않고 심폐소생술을 하셨다고 했다. 그 긴박한 상황을 상상만 해도 나는 아찔하다. 그래도 심장은 돌아오지 않았고, 드라마에서 보던 심장 제세동기, 전기충격을 몇 번 한 후에야 심장은 다시 뛰기 시작했다.

누구나 한 번쯤은 기적 같은 기회가 찾아온다고 했다. 어쩌면 멈췄던 심장이 다시 뛰는 그 순간 우리는 기적을 경험했다. 죽었다가 다시 살아났지만, 의식은 돌아오지 않았다. 의식이 돌아오기까지 중환자실 밖에서 기다리던 그 시간이 얼마나 길었는지 모른다. 그래도 의식은 돌아왔고 비록 낯선 모습의 신랑 마주했지만, 우리의 첫 만남이 다시 시작된 것 같았다. 너와 나의 연결이 끊어질 것 같았던 두려움이 다시 연결된 감격으로 바뀌었던 그 만남이 생생하다. 그저 다시 돌아와 준 그것만으로도 충분히 잘했고, 고마웠다.

신랑은 조금씩 조금씩 나아져 갔다. 원래 이런 사람 아닌데…. 라는 말을 하기 시작했지만(그 정도로 몸과 마음이 다 약해졌다.) 그래도 살아 돌아왔으니 그것으로 되었다.

"근데 여보, 어떻게 돌아왔어?"라는 말도 안 되는 질문을 했다. 그리고 들은 그의 이야기에 나는 또 한 참 많은 생각을 하게 되었다.

어느 긴 터널에 빨려 들어가고 있었다고 한다. 어두운 그 터널에서 굉장히 평안했고 자유로웠고 그 어떤 짐도 없었다고 했다. 정말 쭉~ 빨려 들어가는 중에 누가 물어봤다고 한다. 이대로 나와 함께 가도 좋겠냐고 말이다. 신랑은 그냥 그 편안한 상태가 무척이나 좋았다고 했다. 그 편안함을 말로 표현할 수 없을 만큼 좋았다고 했다. 그렇게 터널의 끝으로 가고 있었다. 그러다 문득 뒤를 돌아봤다고 한다. 그 순간, 나와 아이들이 눈에 보였고 두고 갈 수 없을 것 같아서 완전히 돌아보는 순간 눈이 떠졌다고 했다. (지극히 개인적인 경험이기에 죽음의 순간이 이럴 것이라고 말할 수도 없다.)

고마웠다. 그 순간 우리를 생각해준 신랑에게 참 고마웠다. 지극히 개인적인 경험이겠지만 한 가정을 책임지고 있는 가장들의 마지막 순간의 선택은 늘 이러지 않을까?

그때 당시 동역자들과 나눴던 기도편지다. 다시 읽어봐도 감격이다.

사명자는 하나님께서 지키십니다.

나를 지으신 이가 하나님 나를 부르신 이가 하나님 나를 보내
신 이도 하나님 나의 나 된 것은 다 하나님 은혜라. 나의 달려
갈 길 다 가도록 나의 마지막 호흡 다 하도록 나로 그 십자가
품게 하시니 나의 나 된 것은 다 하나님 은혜라. 한량없는 은
혜 갚을 길 없는 은혜 내 삶을 에워싸는 하나님의 은혜 나 주
저함 없이 그 땅을 밟음도 나를 붙드시는 하나님의 은혜.

정말 이 노래밖에 드릴 고백이 없었습니다. 나의 나 된 것은
다 하나님의 은혜임을 깨닫고 경험한 하루하루가 왜 이리 소
중한 것인지 뼈저리게 느꼈습니다. 무리해서라도 순종하는
것이 절대 순종이라 생각했습니다. 과로해서라도 하나님께
충성하는 것이 절대 충성이라고 생각했습니다. 절대 순종과
절대 충성 앞에 쉼은 절대 함께할 수 없다고 생각했습니다.
그래서 가족들과 보내는 시간도 동역자들 생각하면 미안했
고, 아이들과 함께 시간을 보내는 순간에도 이 시간에 전도를
해야 하나? 라는 생각으로 죄스러웠고, 동역자들의 삶이 어
떤 삶인지 알면서도 나의 삶이 더 힘들고 외롭고 힘든 길이라

여기며 어느 순간부터 불평하던 저였습니다.

2017년 11월 15일 수요일 전국이 지진으로 들썩이던 그때!

사랑하는 신랑, 성원 간사는 갑작스러운 심장마비로 삶과 죽음의 문턱을 넘나들었습니다.

"안녕하세요? 정성원 보호자 되십니까? 여기는 대전 한국병원 간호사실입니다."

"네, 무슨 일이시죠?"

"지금 정성원님이 심정지로 심폐소생술을 진행하고 있습니다. 보호자는 언제 오십니까?"

"네? 심정지요? 심폐소생술이요?"

"네! 언제 오실 수 있으세요? 지금 오셔야 할 것 같아요!"

아, 정말 그 순간 어떤 말도 할 수가 없었습니다.

심정지라니…. 심장마비라니….

그 떨리는 마음으로 저는 달리는 택시 안에서 얼마나 떨리고 무서웠는지 모릅니다.

다행히 병원 도착해보니 심장 리듬이 돌아온 후 한 참 뒤에 의식도 돌아왔고, 중환자실에서 회복 중이라고 했습니다.

제가 할 수 있는 일이라고는 그저 면회시간을 기다리며, 중보 요청을 하는 일밖에는 할 수가 없었습니다.

기도의 능력! 기도의 힘을 믿기에 지체함 없이 중보기도 방마다 다 요청했습니다.

정말 하루하루 모든 순간순간이 하나님의 은혜 아니고는 설명할 길이 없을 만큼 최고의 타이밍이었습니다.

금식 수련회 답사로 청주로 이동 중에 운전하다가 운전대를 다른 간사와 바꾼 타이밍도 감사하고, 고속도로 타기 전에 이상을 느끼고 바로 제일 가까운 대전 한국병원 응급실로 바로 갈 수 있던 타이밍도 감사하고, 부정맥을 검사하고, 입원하던 중에 심장마비가 와서

지체함 없이 심폐소생술을 진행할 수 있었던 타이밍에도 감사가 되었습니다.

어쩜 이렇게 신실하시게 어느 시간 하나 틀어짐 없이 인도하셨는지 감사하고, 또 감사했습니다. 모든 순간 하나님이 함께 하셨습니다. 모든 순간 하나님이 살려주셨습니다.

사실, 요즘 잠을 제대로 잔 적이 없을 만큼! 하루하루가 이렇게 살아도 살아지는구나, 정신력 대단하다고 말 할 수 있을 만큼 누가 봐도 열심히 살았습니다. 그럼에도 사역의 열매는 왜 이리 더디게만 보이는지, 그럼에도 왜 이리 사람들의 인정을 바라고 있는지, 왜 이렇게 부족한 사람으로 보이는지 지치고, 또 지쳐서 다 그만두고 싶었습니다. 사역하다가 우리 아이들 다 망치는 것만 같았습니다. 사역한다고 방치하면서 사역에 방해하지 말라고 보여준 핸드폰 동영상들로 인해 아이들은 점점 노는 모습 속에서 폭력성과 무서운 언어들이 튀어나오고, 짜증과 화냄도 굉장해졌었습니다. 그러다 보니 그런 아이들을 대하는 저희의 태도도 늘 짜증과 화냄, 협박(너! 지금 안자면 앞으로 맛있는 거 한 개도 안사줄 거야! 라는 식의 협박) 등의 언어로 아이들을 자극했던 모습도 발견하게 되면서, 나 원래 이런 사람 아닌데…. 도대체 왜 이렇게 괴물 같은 모습이 되었을까? 하고 울었습니다. 그러다 그냥 다 내려놓고만 싶었습니다. 이제는 도저히 자신이 없었습니다. 부흥의 열매는 보이지 않는 것만 같았고, 지금까지의 사역은 다 실패라고 생각했습니다. 그러던 중! 성원 간사의 심장마비로 인해 모든 생각이 깨졌습니다.

사명자는 반드시 하나님께서 지켜주십니다! 라는 너무나도 분명한 메시지를 받았습니다. 사명자, 그 사명자가 저의 못되고 못난 생각을 다 없앴습니다.

하나님! 하나님의 일! 하나님 부르시는 그 날까지 열심히 할게요. 다시는 그만둔다는 생각하지 않을게요, 살려주세요, 온전하게 세워주세요! 사명자는 지켜주신다고 하셨으니! 회복시켜주시라는 기도가 절로 나왔고, 하나님 죄송합니다. 부끄러웠던 제 입술에 다시 한번 입술의 청지기를 세워주셔서 더욱 살리는 말씀! 전하는 삶 살게 해주세요라는 기도밖에는 할 수가 없었습니다.

그렇게 새로운 삶 살게 하심에 감사가 됩니다.
이런 상황을 늦게 전하게 되어 송구스럽지만, 그럼에도 늘 같은 자리에서 저희 가정을 위해서 기도해주셔서 고맙습니다.
동역자님의 기도로 살았습니다.
동역자님의 기도로 다시 살게 되었습니다. 감사합니다.

그래서 앞으로는 절대 회복에 최우선을 두고
살기로 했습니다.

1년만 사역하고 그만둘 것도 아니기에…. 앞으로 평생을 두고 하나님의 일을 감당하기 위해서는 무엇보다 건강이 최고임을 알기에 당분간 치료와 회복에 전념하려고 합니다.

그 모든 순간순간 하나님께서 섬세하게 인도해주시길 기도 부탁드립니다.

아직은 두려움이 있습니다.

성원 간사는 밤에 잠드는 것에 불안함을 느끼고 있습니다.

모든 상황 하나님께서 인도하셨사오니 불안함을 제하여 주시고! 절대 평안으로 인도해주시도록 기도 부탁드립니다.

제대로 다시 살아보겠습니다. 하나님께서 덤으로 주신 삶!

지혜로운 순종으로 충성으로 살아야겠습니다.

갚을 길 없는 하나님의 은혜를 더욱 감사하며 사명자의 삶을 놓지 않겠습니다.

눈동자같이 지켜주시는 하나님이 우리 아버지라서 참 다행입니다.

불꽃 같은 눈으로 우릴 지켜보시는 하나님이 우리 아버지라서 참 감사합니다.

나의 자고 일어나는 모든 순간순간 하나님을 찬양하고, 감사하며, 기뻐하는 자로 살겠습니다.

함께 나눌 수 있는 동역자님들 계셔서 행복합니다.

고맙습니다.

정말 건강 잘 챙기시고요. 무엇보다 우리 가정을 위해서 늘 기도해주셔서 감사합니다.

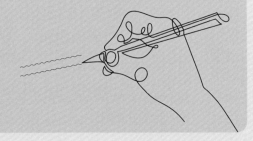

강하게 새겨진 트라우마

살아났다. 살고 있다. 순간마다 살아있는 게 신기하고, 고맙다. 그럼에도 살아있다는 감사를 하면서도 매 순간 두려워했다.

"심장 괜찮아?"라고 물어보는 것이 습관이 되었다. 밤에 잠을 자다가도 일어나서 신랑의 심장에 손을 대어본다. 아이들의 심장에도 손을 대어본다. 그래야 안심이 되었다. 아이들이 내 눈앞에 있어도 안심이 안 되었다. 그냥 가만히 책만 보면 좋겠다는 생각도 얼마나 많이 했는지 모른다. 그렇다고 그렇게 있을 아이들이 아니지만, 그냥 나의 바람은 그랬다. 길을 걷다가도 심장이 쿵쾅쿵쾅 울리고, 잔뜩 움츠러들기도 했다. 저 차랑 부딪히면 어떡하지? 갑자기 저 벽이 무너지면 어떡하지? 저 킥보드도 위험해 보이고, 갑자기 저 나뭇가지가 부러져서 떨어지면 어떡하지? 갑자기 개가 튀어나오면 어떡하지? 길을 걸으면서도 오만가지 생각들이 머릿속에 한꺼번에 들어왔다. 그럴 때마다 나는 더욱 아이들을 옆에 두려고 했다. 그냥 온종일 위험한 일들이 머릿속에 가득했다. 뉴스를 봐도 늘 위험하고, 금방 죽을 것 같고 마치 내가 사고를 당한 것 같은 느낌에 안전과 죽음에 대한 나의 트라우마는 점점 더 강해져만 갔다. 사실 신랑의 심장마비가 있었던 그날, 나는 가장 친한 친구를 만나고 있었다. 위암 말기임에도 불구하고 하나님을 찬양하고, 의지하고, 끝까지 섬겨주는 친구와 함께하고 있었다. 지난날을 이야기하면 할수록 눈물이 났던 그때, 그럼에도 친구랑 도란도란 이야기하고 있다는 것이 감격이고 안심이었다. 내가 감히 하나님을 이해한다 못 한다 할 수는 없지만 정말 하나님이 이해가 되지 않았다. 도대체 왜, 한희가 아파야 하는 거죠? 라고 얼마나 많이 물어보고 울었는지 모른다. 친구의 아픔을 내가 온전히 다 알 수 없어서 더 미칠 것 같았다. 그런데도 어쩜 저렇게 환하게 웃을 수 있는지 한희를 보며 평안을 배웠다. 그렇게 자신도 아파서 힘들면서도 나를 걱정해주고, 나의 마음을 물어봐 주고 그저 이야기 들어주려는 한희와의 1분 1초가 아까

였었던 그때…. 신랑의 심장마비 소식을 들었다. 그 순간 나는 어떤 생각도 할 수가 없었다. 순간 정지가 되었다. 왜 드라마를 보면 들어도 다시 물어보는 장면들이 있다. "네? 무슨 말씀이시죠?"라는 전형적인 대사. 왜 그런 말을 했는지 제대로 알게 되었다. 나도 그랬다. "네? 무슨 말씀이시죠?" 내가 잘못 듣길 바라는 마음으로 물어보았다. 잘못된 전화였길 바라는 마음이었다. 다 들어놓고는 왜 또 물어보지? 라고 봐온 드라마였는데…. 다시 물어봐서 내가 들은 내용이 참말이 아니길 바라는 그 마음을 알게 되었다. 그렇게 2017년 11월 15일은 너무나도 강하게 나에게 새겨졌다. 충분히 친구와의 시간을 보내지 못한 아쉬움도 잊은 채 나는 처음으로 광주에서 대전까지 택시를 타고 한걸음에 달려갔었다.

삶과 죽음의 경계에서

"잘 지내고 있지?"라고 늘 나의 안부를 물어봐 주는 친구 한희를 처음 만났을 때가 기억난다. 사실 만났다기보다 봤다는 것이 맞는 표현일 것이다. 작은 체구에서 뿜어져 나오는 폭발적인 성량에 깜짝 놀랐었다. 찬양 예배 중에 솔로로 찬양을 부르던 모습을 봤다. 그때 처음 본 한희를 보며 꼭 친구가 되고 싶었을 때가 생각난다. 그러던 중 군대 사역을 하면서 마음을 나누는 친구가 될 수 있었다. 사실 내 눈에는 한희가 정말 최고였다. 찬양도 잘하고, 신실하고 성실한 모습에 반했었다. 그냥 참 예뻤던 한희는 나에게 늘 안부를 물어봐 주고, 응원해주었다. "뭐 필요한 거

없어?" 뭐든 나눠주려고 한 한희였다. 사실 그 부부가 그랬다. 하나님 앞에서 정말 선하고 신실한 가정이었다. 비슷한 또래의 아이들을 키우면서 더 끈끈해진 우리였다. 한희를 생각하면 잊을 수 없는 일들이 정말 많다. "한희야 우리 집에 쌀이 이렇게 노랗게 되었는데 이거 뭘까?" "은영아 그거 절대 먹지 말고 버려!" "그래야겠지? 아깝다" 이런 일상의 대화를 하고 난 다음다음 날 우리집에 쌀 20kg이 배달되었다. "은영아, 그 쌀 먹지 말고 새 쌀 먹어. 밥 잘 챙겨 먹어" 한희는 늘 그랬다. "은영아, 시댁에서 농사지으신 건데 진짜 맛있고 양이 많아서 너에게도 보낸다. 맛있게 먹고 잘 챙겨 먹어"라며 보내준 잊을 수 없는 키위. "교회 아이들 간식 주문하다가 해준이, 해민이, 하윤이 생각나서 보내니까 맛있게 먹어"라고 보내준 갈비만두. "은영아 쉬엄쉬엄해"라고 보내준 카톡 커피쿠폰들. 정말 때마다 위로와 격려로 함께 해준 한희였다. "광주 오면 우리 맛있는 거 먹으러 가자" 그렇게 만나면 진수성찬은 이런 거 다를 보여주는 맛있는 밥을 사주고, 차 태워서 놀러 가주던 한희였다.

"은영아! 나 셋째 임신했어!!!" 둘이서 얼마나 신났는지 모른다. 그때 나도 셋째 임신을 했었다. 우리 둘 다 아들 둘 엄마였던지라 둘 다 셋째 딸을 바라며 하루하루 행복했었다. 그렇게 또다시 서로에게 가장 큰 격려와 위로가 되어주었다. "은영아 나 입원했어."

"입덧이 정말 많이 심하다 그치. 어떡해. 뭐 먹고 싶은 거 있어?"

이런 대화의 끝엔 언제나 나를 더 챙기던 한희였다. 자기는 입원해서 본의 아니게 사랑과 관심 많이 받고 있으니까 오히려 나를 챙기던 그녀였다. 입덧이 나아질 기미가 보이지 않는 한희는 임신 기간 입원하고 퇴원하기를 반복했다.

"은영아, 우리 대전 들러서 저녁 먹고 광주 가려고 하는데 우리 그때 먹었던 그 샤브샤브집에 가서 밥 먹자."

"완전 좋지!"

그쯤 한희는 거의 먹지 못해서 살이 쪽쪽 빠져갔다. 그런 한희를 보며 나도 좀 살이 빠지고 싶다는 속없는 말에도 웃어주던 한희가 생각난다. 사진으로 보던 한희를 실제로 마주하니 웃을 일이 아니었다. 정말 살이 빠져도 정말 많이 빠져있었다. 뭘 먹지 못한다고 했다. 하지만 우리 함께 마주 앉아 먹었던 샤브샤브는 꼭꼭 씹어서 천천히 지만 맛있게 먹어주었다.

"나 정말 얼마 만에 이렇게 먹어봤는지 몰라. 진짜 맛있게 잘 먹었어."

한희의 말 한마디가 참 고마웠다. 그러고 나서 듣게 된 한희의 위암 말기 소식에 하늘이 무너졌다. '어떻게 이런 일이 생기지?' 생각만 해도 눈물이 났다. 누구보다 건강했고, 셋째도 임신했는데 도대체 왜! 라고 하나님도 원망했다. 그래서 그렇게 먹질 못했던 거구나. 알아주지 못한 나의 무지가 용서되지 않았다. 그 아픔이 입덧이 아닐 거라고 한 번도 의심하지 않았음이 용서되지 않았다. 그 아픈 와중에 셋째는 엄마 품에서 건강하게 잘 자랐고, 주 수는 다 채우진 못했지만, 세상에 빛을 보았다. 그 이후 본격적으로 한희가 할 수 있는 치료를 시작했다. 힘든 수술을 잘 마친 한희가 있는 서울에 있는 병원으로 만나러 가는 길 내내 울지 않겠다고 다짐하고 또 다짐하며 올라갔다. 그 아픈 중에도 신랑 걱정뿐인 한희의 마음에 나는 내가 할 수 있는 최선으로 밥반찬을 만들어 가는 것밖에는 마음을 담을 길이 없었다. 병원에 다 도착해서는 병원 벤치에 앉아서 또 한참을 울었다. 그렇게 마주한 한희는 누구보다 평온한 표정이었다. 세상에 이렇게도 평안하게 나를 바라주던 한희를 잊을 수 없다.

[여호와는 나의 목자시니 내게 부족함이 없으리로다. 그가 나를 푸른 풀밭에 누이시며 쉴 만한 물가로 인도하시는 도다. 내 영혼을 소생시키시고 자기 이름을 위하여 의의 길로 인도하시는 도다 내가 사망의 음침한 골짜기로 다닐지라도 해를 두려워하지 않을 것은 주께서 나와 함께 하심이라 주의 지팡이와 막대기가 나를 안위하시나이다. 주께서 내 원수의 목전에서 내게 상을 차려 주시고 기름을 내 머리에 부으셨으니 내 잔이 넘치나이다 내 평생에 선하심과 인자하심이 반드시 나를 따르리니 내가 여호와의 집에 영원히 살리로다. 시편 23편]

이 말씀을 읽고 또 읽었다고 했다. 안 울려고 했는데 또 울었다. 매일 매일 기적을 기도했었다. 나는 한희의 정신력에 놀라고 또 놀랐다. 그 작고 작은 몸으로 세상을 다 품어 버릴 것 같았던 한희의 모습은 여전했다. 그리고 난 한희가 계속 함께 있을 것만 같았다. 그렇게 다음에 만나자고 인사를 하고 돌아서고 나서 병원 밖에서 또 한 참 울었다. 우는 게 부끄러운 것이 아닌데도 소리 없이 한 참 울었다. 목이 꽉 막혀 아파도 한희가 겪는 고통에 비하면 아무것도 아닐 텐데 목이 아픈 것이 속없었다. 친구의 하루하루가 소중하면서도 나의 삶은 달라진 것이 없었다. 여전히 세 아이와 투닥거리고 왜 이리 힘든 거냐고 투정 부리며 나의 삶에 또다시 집중하며 살아가는 내 모습이 미치게 싫었었다.

다시 돌아간다면
나는 어떤 선택을 했을까?

괜찮아 그건 너의 최선이었어

살면서 후회되는 순간이 없는 사람이 있을까? 아쉽지 않은 순간은 있을까? 후회되는 순간도, 아쉬운 순간이 있다. 다만 후회도, 아쉬움도 시간이 지나면서 무뎌지고, 잊히며, 그때의 그 순간의 선택을 책임지고 살아가는 것으로 후회도 아쉬움도 달래는 것 같다. 글쎄⋯. 그때 그 선택의 순간이 다시 찾아온다면 나는 과연 다른 선택을 하고, 후회하지 않았을까? 단언하건대, 아니다! 이다. 다른 선택을 해도 나는 분명 또 다른 후회를 하고 있었을지도 모른다. 그래도 그때 그 순간으로 돌아간다면 반드시 다른 선택을 하고 싶을 때가 있다. 할아버지라고 부르기만 해도 눈물이 나던 내가 있었다. 지금은 그저 먹먹함으로 다가오는 할아버지의 갑작스러운 교통사고는 초등학교 6학년이었던 나에겐 충격적이었다. 처음으로 뺑소니가 얼마나 위험하고 나쁜 행동인지 그때 뼈저리게 알게 되었다. 나는 부모님보다도 할아버지가 더 좋았고, 제일 사랑했었다. 그런 할아버지의 사고 소식에 얼마나 놀랐는지…. 믿기지 않아서 엄마에게 묻고 또 물었다. 정말 할아버지 사고 나서 위독하시냐고, 자세히 설명해주시지도 않으셨고…. 바로 병원에 데려다주지도 않았다. 그렇게 한 두 달이 지났을 때쯤. 할아버지가 입원 중인 병원 중환자실에 가서 할아버지를 만났다. 그냥 만나면 인사 잘하라고 해서 나는 할아버지랑 이야기라도 할 수 있을 줄 알았는데. 중환자실에서 만난 할아버지는 말로 표현할 수 없을 만큼. 위독하셨고, 무서울 만큼·모습이 변해있으셨다. 우리 할아버지 아니라고 손도 잡아주지 않고, 인사말도 전하지 않고 그냥 정말 1분도 있지 않고 돌아서 나와버렸다. 그리고 할아버지는 병원에서도 해줄 수 있는 더 이상의 치료가 없다고 퇴원하셨고. 거의 식물인간 상태로 집에서 하루하루 고비를 넘어가며 버티며 좀 더 사셨다. 그때도 나는 아픈 할아버지의 모습이 무서워서 찾아가지 못했다. 찾아갈 생각도 못 했다. 그렇게 할아버지와 진지하게 인사도 하지 못한 채…. 떠나보냈던 그 어린 날이 후회된다. 할아버지 발인하던 날은 비가 내렸다. 내리는 빗속을 걷다가 어르신들이 아이들은 그냥 여기까지면 된다고 돌려보냈다. 어린 동생들은 신나게 뛰어갔고, 나는 그제야 눈물이 났다. 동네 어르신들이 나 우는 것 보고 그냥 한마디씩 하셨는데…. 그중에 "할아버지 돌아가셨다고. 그래도 속이 있는지 우네"라는 말을 듣고 나서는 울지 않았다. 더 울었어야 했는데. 더 눈물이 났고 슬펐는데. 다른 사람들 신경이 쓰여서 울지도 않았던 어린 강은영의 모습이 지금 생각해보면 더 안쓰럽다. 충분히 슬퍼하지 못했고, 충분히 울지 못해서 그 뒤로 나 혼자 얼마나 많이 더 많이 울었는지 아무도 모른다. 좀 더 이야기 할 걸. 좀 더 함께 울 걸. 그 전에 할아버지 병원에 갔을 때 더 많이 손잡아주고, 안아주고, 불러라도 볼 걸. 여전히 나는 그 후회가 가장 크게 남아있다. 그때의 나에게 나는 "도대체 왜 그랬어?"라는 스스로의 채찍질만 했는데…. 지금은 그렇지 않다.

괜찮아! 그건 너의 최선이었어. 라고 말해주며 토닥토닥 달래주곤 한다.

괜찮아. 처음 다가온 소중한 사람의 죽음 앞에 많이 놀랬지… 어느 누구도 그런 너를 안아주지도, 괜찮다고 말해주지도 않아서 더 부정하고 부정했을 마음을 알아… 슬픔을 어떻게 표현해야할지도 몰라서 그저 참아내는 것으로 애쓴 너의 마음도 알아. 애썼어. 괜찮아. 소리내서 우는건 부끄러운게 아니야. 마음껏 울어도 되. 마음껏 슬퍼해도 되. 괜찮아.

추운 겨울 꽃처럼 예뻤던 친구 한희를 떠나보내며 나는 비슷한 후회를 하며 울었다. 더 많이 만날걸, 더 많이 웃어주고 좋은 이야기 해줄걸. 그 때 그냥 감기에 걸렸어도 만나러 갈걸. 미루지 말걸 이런 후회가 나를 더 힘들게 했었다. 나만 보면 예쁜 옷좀 입고 다니라고 했던 한희와의 마지막 인사를 위해 옷도 샀다. 물론 또 그 모습을 보면 이게 이쁜 옷이냐고 한 소리 했겠지만 그래도 내가 해 줄 수 있는 가장 예쁜 모습으로 인사를 했다. 그리고 눈물을 참지 않았다. 그냥 밥하다가도 눈물이 나면 울었고, 찬양을 하다가도 생각나면 울고, 그렇게 나는 급하지 않게 천천히 감정을 정리해가고 있다.

다 괜찮아… 라고 말해주고 싶다.
어떠한 일에 대한 것 뿐만 아니라… 감정을 잘 표현하는 것도 나의 삶에 가장 큰 성취의 일부였음을 이제는 안다. 어떠한 일의 목적을 달성하는 것을 뛰어넘어 마음껏 느끼고 표현하는 것이야말로 성취의 완성이지 않을까? 오늘도 수고하고 애쓴 나에게 이렇게 말해주고 싶다.

괜찮아! 그건 너의 최선이였어.

살고 싶었다

이쯤 부터였다. 내가 잘살아야겠다는 마음이 더욱 강하게 들었던 것이 말이다. 5살, 4살, 9개월의 삼남매를 바라보며 내가 잘살아내지 않으면 안 될 것 같았다. 그때 내가 선택했던 방법은 뭐든 배우는 것이었다. 내가 뭐라도 하지 않으면 미칠 것 같았다는 것이 정답이겠지만 그래도 뭐라도 해야 할 것 같았다. 1년~2년 사이에 나는 자격증을 폭발적으로 취득하기 시작했다. 자격증을 가지고 돈을 벌려고 시작한 건 아니었다. 다만 내가 살고 싶었다. 내가 숨을 쉬고 싶었다. 이렇게 배울 때 내가 뭐라도 잘하면서 살아있는구나 했다. 그래서 나는 아이들이 다 잠들고 나면 나 홀로 책상 앞에 앉아서 강의를 듣고, 또 듣고, 공부했다. 물론 자격취득을 못 하고 떨어진 시험들도 참 많다. 그것은 그것으로 또 만족했다. 준비하는 과정 자체가 즐거웠던 것 같다. 물론 아이들을 키우면서 무언가를 배운다는 것이 정말 쉽지 않았지만, 그 과정에 몰입하는 순간만큼은 어떤 두려움도 머릿속에 있지 않았기 때문이다. 배움이 나에게는 힐링이었다. 그리고 배우면서 나를 알아가고, 나를 만나면서 점점 나로 살아갈 수 있게 되었다. 그리고 결국엔 경영대학원에 진학했고, 나는 2021년 2월 졸업을 하게 되었다. 그렇게 공부하기 싫어하던 내가 경영학석사가 되었다는 것은 정말 나에게는 기적 같은 일이었다.

- 초등 셀프리더십 코치과정 자격취득/3P자기경영연구소/2018.03.14.
- 자기관리학습코칭전문가1급/글로벌가치창조강사회/2018.03.19.
- 진로코칭지도사 1급/글로벌가치창조강사협회/2018.03.19.
- 취업전략지도전문가 1급/ 글로벌가치창조강사협회/2018.03.19.
- 감정코치지도사 1급/한국상담협회/2018.01.05.
- 한국형에니어그램 일반강사 자격/한국에니어그램교육연구소/2018. 04.26
- 한GLO영어,중국어 지도자 과정 수료/한GLO영어중국어연구원/2017. 10.27.

- 프리젠테이션스피치1급/한국직업능력진흥원/2018.12.03.

- 손유희지도사1급/한국직업능력진흥원/2018.12.10.

- 다문화심리상담사1급/한국직업능력진흥원/2018.12.17.

- 독서논술지도사1급/한국직업능력진흥원/2018.12.10.

- 학교폭력예방상담사1급/한국직업능력진흥원/2018.11.12.

- 분노조절상담사1급/한국직업능력진흥원/2018.11.26.

- 부모교육상담사1급/한국직업능력진흥원/2019.01.21.

- 인생설계사프랙티셔너/국제코치연합/2018. 12.30

- 미래창조 코칭리더십/국제코치연합/2018.12.23.

- 인생설계사 마스터프랙티셔너/국제코치연합/2019.1.6.

- 미래창조코칭 트레이너/국제코치연합/2019.2.24.

- 국제라이프코치(CAC) 자격/국제코치연합/2019.3.20.

- 미래창조 코칭심화 자격/국제코치연합/2019.02.16.

- 미래창조 코칭비즈니스 자격/국제코치연합/2019.1.20.

- 한남대학교 경영대학원 경영학 석사 졸/2021.2

- 그 외에 CGRT자아발견 상담사 2급/CGRT자아발견상담학회/2015.
  10.17.

이것으로 나를 완벽하게 설명할 수 없다. 그저 2017년 2018
년 2019년을 버틸 수 있었던 것은 새로운 몰입의 과정으로 이야
기 할 수 있을 뿐이다. 누군가는 현실도피라고 하겠지만 나는 나

를 살린 길이라고 말하고 싶다. 상황이라는 늪에 빠지지 않을 수 있었던 힘은 바로 쉬지 않고 배우고 또 배웠던 나의 의지였다는 것은 의심할 여지가 없다. 사실 나에게는 그렇게 큰 에너지가 필요하지 않았던 배움의 길이다. 새로운 것을 알아가는 것만으로도 에너지를 얻어가기에 나는 하나하나 성취해가며 에너지를 삶으로 바꿔나갔다. 인생은 내가 어떻게 반응하느냐에 따라 결정된다. 아무리 힘들어도 치열해도 버거워도 반드시 틈이 있기 마련이다. 만약 그때 마음이 힘들고 몸이 힘들어서 아무것도 안 하고 가만히 있는 것을 선택했다면 나는 지금 어떤 모습일지 생각하고 싶지 않다. 늘 새로운 사람들 곁에서 새로운 에너지를 받으며 배우는 삶을 선택하고 나니 막힌 담이 뚫리는 것을 경험하게 되었다. 하루에도 열두 번의 분노에 내가 미친년처럼 사는 것이 힘들어서 감정코칭 코치가 되고자 시작한 감정코칭이 나를 살렸다. 그러면서 평생 함께할 동역자를 만나게 되었다. 아이들과 신랑을 더 이해하고자 배운 에니어그램을 통해 더 많은 사람들을 이해하고 마음과 마음을 이어주는 코칭을 하게 되면서 나도 살아났다. 이렇게 현재의 나의 위기, 고통, 문제에서부터 답을 찾으면 된다. 그리고 나는 책을 읽기 시작했다. 일주일에 3~4권은 읽었다. 요즘 〈공부왕쩐천재〉라는 유튜브를 통해 다시 새롭게 보고 있는 홍진경 씨의 인생이 나에게 큰 도전이 되고 있다. 인기가 한참 있을 때 무작정 파리로 떠나 다시 시작했을 때도, 300만 원을 밑천으로 김치 사업을 시작했을 때도, 암 투병을 숨기지 않고 가발을 쓰고 방송을 계속할 때도 홍진경 씨는 자신을 감추지 않았다. 오히려 자신의 솔직한 상황을 공개하고 자신의 바닥을 보여 주며 솔직하게 위기와 문제 앞에서 당당하게 굴하지 않는 홍진경 씨의 삶의 원동력이 바로 독서라고 했다. 시급 6,000원 배달부에서 연봉 1억 강사가 될 수 있었던 박현근 코치님의 첫 번째 비결도 바로 독서였다. 위리더 김지현 대표님도 마인드파워리딩 전략독서를 통해 최고의 자신을 발견하고 최대의 성과를 만들어 낼 수 있다고 했다. 최악의 수렁에서 토크쇼의 여왕이 된 오프라 윈프리도, 독서를 통해 프랑스의 영웅이 된 나폴레옹 보나파르트도 독서로 위기와 문제를 극복했다. "오늘날 나를 만든 것은 어릴 적 살던 마을의 도서관이었다."라는 말을 한 빌 게이츠는 도서관에 있는 거의 모든 책을 봐서 안 본 책이 없을 정도였다고 한다. 많은 위인이나 성공자들의 삶의 공통된 비결이 바로 독서다. 때론 책 한 권이 인생을 바꿀 수도 있다. 누군가의 인생을 무조건 똑같이 따라 할 필요는 없지만, 한 가지만이라도 배우고 시도해 보는 것도 추천한다. 단, 한가지 주의해야 할 것은 바로 나는 어떤 목적의식이 있느냐이다. 위리더에서 진행하는 마인드파워리딩 비기너 과정에서 '각자의 경험이나 현재의 한계를 벗어나 자신이 기대하는 완전한 나의 모습을 바탕으로 목표를 세우는 것이 마인드 파워 비전이라고 했다. 어쩌면 많은 경험과 과거의 흔적들 때문에 스스로 한계를 가지고 있는 것은 아닐까? 그 한계가 1년 뒤, 3년 뒤, 10년 뒤의 나의 미래를 결정짓지 못하도록 내가 어떤 모습으로 살고 싶은지, 내가 기대하는 나의 모습은 어떤 모습인지, 내가 어떤 존재로 살고 싶은지에 대한 답을 통해 지금 무엇을 해야 할지를 결정하면 된다. 피터 센게가 이런 말을 했다. "학습은 많은 정보를 획득한다는 의미가 아니라, 삶에서 진정으로 원하는 결과를 만들어 내는 능력을 키운다는 의미다" 내가 살기 위해 선택한 배움과 독서는 내가 진정으로 원하는 삶이 무엇인지를 찾아가는 과정이었다는 사실이 위로되었다. 진짜 중요한 것은 지적 능력을 강화하는 것이 아니라 내 삶을 변화시키는 것, 그리고 보다 더 나은 것을 선택하는 능력을 키워나가는 것이다.

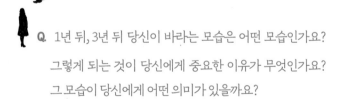

Q. 1년 뒤, 3년 뒤 당신이 바라는 모습은 어떤 모습인가요?
그렇게 되는 것이 당신에게 중요한 이유가 무엇인가요?
그 모습이 당신에게 어떤 의미가 있을까요?

인생이란 무엇일까?

    살아가면서 만나는 위기에는 상황적 위기, 실존적 위기, 발달적 위기가 있다고 한다. 상황적 위기는 사람이 예측하거나 통제할 수 없는 이례적인 사건이 발생할 때 나타나는 위기다. 예측할 수 없고, 누구에게나 일어날 수 있다. 갑작스럽고 충격적이며 강렬해서 때로는 파괴적인 위력이 있다는 특징이 있다. 그 예로 자동차사고, 유괴, 갑작스러운 직업 상실, 질병, 가족의 죽음, 자연재해 등이다. 실존적 위기는 목적이나 책임감, 독립성, 자유, 헌신, 책임이행과 같은 사람에게 중요한 이슈에 동반되는 갈등과 불안과 관련된 위기이다. 어떤 사람이 특정한 전문직이나 조직에 자신이 더 이상 영향력이 없음을 깨달으면서 경험하는 정신적 위기, 결혼하지 않고 부모와 함께 사는 것을 선택한 사람이 50세에 이르러서야 자신의 선택을 후회하면서 행복하고 가치 있는 인간이 될 기회를 놓쳤다고 후회하는 것 등이 실존적 위기에 해당한다. 발달적 위기는 인간이 성장하고 발달해 나가는 가운데 발생하는 사건이나, 발달단계마다 요구되는 발달과업에 의한 새로운 대처자원이 필요할 때 발생하는 위기이다. 개인의 생애주기에 따르는 위기와 가족의 발달단계에 따르는 위기를 포함한다. 발달적 위기는 정상적인 것으로 볼 수 있으나, 모든 발달적 위기는 개인마다 특별한 것이다. 예를 들면 아이의 출생, 청소년의 정체성 위기, 대학 졸업, 중년기 직업 변화, 은퇴, 중년의 위기 등을 이야기한다. 인생을 살면서 마주하게 되는 다양한 위기들을 정리하다 보니 대부분 위기는 내가 영향을 미칠 수 없는 통제권 밖의 이슈들이라는 사실이다. 자녀의 대학 합격, 타인의 변화, 세상의 변화, 과거와 같은 것들이다. 자녀의 대학 합격은 누구의 이슈일까? 시부모님이나 남편이나 자녀를 내가 변화시킬 수 있을까? 과거는 어떠한가? 자연환경이나 세상을 내가 바꿀 수 있을까? 아니다. 그런데도 늘 우리는 내가 통제할 수 없는 문제들 앞에 늘 무너진다.

"우리 딸이 교회를 안 다녀요, 정말 내가 할 수 있는 모든 방법을 써봤는데도 교회를 안 다녀서 정말 힘드네요"라는 고민을 한 분이 계셨다. 여기서 살펴봐야 할 것은 교회를 안 다니는 것의 주체는 누구인가? 딸이다. 그렇다면 이 분의 문제는 어떻게 다가가야 할까? 딸이 교회를 나갈 수 있게 만드는 방법을 함께 모색해야 할까? 아니다. 딸이 교회를 다니는 것이 자신에게 중요한 이유가 무엇인지부터 접근해야 한다.

얼마 전까지만 해도 그냥 평범한 퇴근길이었다. 하루의 피곤함을 마주하며 오늘 하루도 정말 잘살았다 하며 걸어 다닌 길이기도 하고, 내일은 또 어떻게 일어나야 하나하고 쉬고 싶은 마음을 가득 안고 터벅터벅 걸어 다닌 길이기도 했다. 그 길이 하루 아침에 묻지마 폭행의 참담한 길이 되었다. 그냥 편안한 쉼이 있는 집으로 향했던 그 길이 이제는 두려워하는 길이 되었다. 묻지마 폭행이 나오는 상관없는 일, 나에게는 생기지 않을 거라 여기며 상상도 못 했던 일이 발생했다. 피곤함에도 길가에 핀 꽃 하나에도 이쁘네 하고 쳐다보고, 뭉친 어깨가 아프다며 투정 부린 나는 그날 생명의 위협을 받았다. 최선으로 살아온 나의 인생은 언제나 꽃길이었어야 했고, 아름답고 행복한 삶이어야 했는데 어느 날 갑자기 모든 게 무너졌다. 일상의 평범함이 이제는 평범이 아닌 삶이 되었다. 그래서 묻지마 폭행의 그 날이 더 참담하게 다가왔다. 내가 통제할 수 없었던 그 날의 위기를 통해 깨닫게 된 인생이란 무엇일까? "내 마음대로 되는 게 하나도 없네"를 인정하는 것이 인생이지 않을까? 하루하루가 꽃길일 수 없다. 어제와 같은 오늘이지 않을 수 있다. 그래서 내가 감사하는 이유다. 묻지마 폭행의 그 날은 그냥 평소와는 달랐던 딱 하루였다. 어제와 같은 오늘이 기적이다. 그 하루를 살아가면 된다.

Q. 당신의 오늘은 어떤 하루였나요?

살아내야만 했다

"모든 검사 결과 정상이네요. 사실 심장이 멈추고 30초만 지나가도 뇌세포는 빠르게 죽어가고요, 4분 정도가 되면 생존 가능성도 떨어지고, 신체 곳곳이 죽어간다고 생각하시면 돼요. 그래도 뇌도 몸도 다 정상이십니다. 이런 말씀 드리는 것이 기적이네요."

의사 선생님의 말씀 한마디에 나도 신랑도 정말 감사했다. 모든 걱정과 불안함에 안개 낀 듯 뿌옇기만 했던 머릿속이 바람에 안개가 걷히는 것 같았다. 그 순간은 그랬다. 퇴원하면 바로 정상적인 삶을 살 수 있다고 기대했다. 하지만 퇴원 이후 회복의 시간을 옆에서 보는 것이 참 어려웠다. 사실 나보다 본인이 더 힘들었겠지만 말이다. 나는 매일 매 순간이 불안했다. 신랑의 한숨에도 불안해서 "왜? 어디 아파? 숨이 안 쉬어져?"라고 물어보게 되었다. 밤마다 숨은 쉬는지, 어디 아픈 건 아닌지를 살피는 나의 모습이 그냥 믿음 없는 것만 같았다. 하나님께 기도하고, 매달려도 이 불안함은 왜 이리 사라지지 않는지 답답하기만 했다. 정말 신앙의 본이 되어주시는 시부모님도 나와 마찬가지였다. 내가 전화하기만 하면 가슴이 철렁 내려앉는다고 하셨다. 그래서 종종 하던 전화도 특별한 일이 아니면 하지 않았다. 그렇게 모두에게 깊은 상처로 남았다. 그 상처는 점점 원망으로 바뀌었다. 몸은 회복이 되었다고 하는데 도대체 왜 정상적인 삶이 되지 않는 것인지 답답하기만 했다. 몸은 치료가 되었는데 깊게 마음에 새겨진 상처를 바라보지 못했던 시간이었다. 안 그래도 예민한 신랑도 깊은 잠을 자지 못하고 늘 피곤해 했다. 심정지 이후 꿈이 더 선명해지고, 실제처럼 느껴져서 잠을 자고 일어나도 한숨도 안 잔 것 같다고 했다. 그래서 신경정신과를 다니게 되었다. 선명한 꿈을 흐릿하게 해주며 수면에 도움을 주는 약이 처방되었고, 무엇보다 그동안 힘들고 어려웠던 마음을 누군가에게 이야기하는 것 자체에 마음에 힘을 얻는 것 같았다. 때론 냉정한 의사 선생님으로 인해 정신이 바싹 차려지다가도 따뜻한 말 한마디에 마음에 힘이 생기기도 했다고 했다. 몸은 치료방법에 따라 치료하면 된다. 상처 난 마음은 만져주고, 들어주고, 알아주는 것으로 차근차근 서두르지 않게 다가가면 된다. 자신의 의지나 성격과는 무관하게 병에 걸리듯 신랑의 우울증은 마음이 약해서 걸린 병이 결코 아니라는 사실도 알고 있지만 이제 좀 그만 아프면 좋겠다. 이제 좀 그만 우울해하면 좋겠다 했다. 아프고 우울해하는 모습만 봐도 미쳐버릴 것만 같았다. 나는 지금 애써서 에너지 끌어올려서 살고 있는데 그만 좀 하면 좋겠다 했다. 아픈 남편을 이해 못하는 나쁜 아내라고 생각되는가? 그래도 어쩔 수 없다. 그냥 나는 나라도 살아야 했다.

비행기가 추락할 때, 머리 위로 떨어지는 산소마스크를 내 옆에 앉아있는 아이에게 먼저 씌어줘야 할까? 아니면 나부터 써야 할까? 보통의 사람들은 내가 아닌 아이에게 먼저 씌어준다고 한다. 산소마스크 이론은 이런 보통의 선택이 아닌 나부터 착용하고 다른 사람을 도와야 한다는 이론이다. 내가 먼저 살아야 그 힘으로 다른 사람을 도울 수 있다. 이기주의와 이타주의 사이에서 나는 산소마스크 이론을 선택했다. 인생은 마라톤이라는 말이 있다. 과연 인생은 정말 마라톤일까? 마라톤으로 달리기만 했던 삶에 인생은 단거리 경주의 연속이라는 말을 듣고 절실하게 공감했다. 회복이 없는 끝없는 달리기는 결국 포기하게 된다. 물론 어떻게 달리기를 하느냐에 따라서 다르다고 말할 수 있겠지만 날마다 일정한 속도로 달릴 수 있을까? 라는 질문에 정직하게 답해보길 바란다. 나는 어떤 달리기를 하고 있는지 말이다. 나의 한계를 인정하고 보면 왜 인생이 마라톤이 아닌 단거리 경주라고 했는지 이해가 된다. 마음과 생각을 지키는 것의 시작은 바로 나의 한계를 인정하는 것이다. 요청해도 된다.

"여보, 여보가 가장 힘든 거 잘 아는데 나에게 당분간 우울하다고 말 안 했으면 좋겠어. 말하지 않아도 우울하다는 건 알아"

이렇게 나는 나의 산소마스크를 썼다. 그리고 나의 마음의 힘이 조금 생겼을 때 신랑의 이야기를 들어주는 것으로 신랑을 돕는 편을 선택했다. 그랬더니 좀 살 것 같다.

> Q. 오롯이 혼자 참고 견디면 된다고 생각했다면 오늘은 나의 산소마스크를 써보는 건 어떠세요? 어떤 산소마스크를 쓰고 싶나요? 그리고 그 산소마스크를 쓰고 어떤 힘이 생겨서 누굴 도울 수 있나요? (예 : 나만의 1시간, 커피 한 잔의 여유, 도와달라고 요청하기, 낮잠 자기)

어차피 주문은 아바라

일명 맘 카페에 들어가서 보면 우리 아가가 싼 똥 좀 봐주세요. 오늘 저녁은 뭘 먹어야 할까요? 우리 아기 이름 뭐가 더 나아요? 어머! 수영장 멋지네요. 저기가 어디인지 정보 주세요. 드림 합니다. 줄 서봅니다. 등등 나도 모르게 옆집 엄마 이야기, 정치 이야기, 국제이야기, 옆집 아저씨 이야기까지, 시시콜콜한 이야기들로 하루를 시작하고 하루를 마친다. 때로는 이혼변호사가되기도 하고, 때로는 친언니로 시어머니에게 사이다를 날리는 언니들로도 변신하기도 하고, 누구라도 걸리기만 해봐라, 그 순간모든 댓글을 그 한 사람을 향하는 순간이 있다. 손가락 끝에서부터 시작하는 굉장히 역동적으로 끊임없이 쏟아져 나오는 다양한 이야기가 있고, 보통의 엄마들의 세상 사는 이야기의 끝은 어차피 아아! 아바라 이지 않은가…. 아바라 한잔이면 나도 그들과 다를 것 없는 특별한 나로 돌아가기도 하는 마법 같은 주문, "오늘은 아바라 한잔 덜 달게 주세요!"로 주문을 하며 카페에서 나만의 한 시간을 가져 본다.

"아바라 1잔, 덜 달게 주세요"

사실 정말 오랜만에 간 카페에서 여학생이 메뉴를 주문하는 말에 귀를 의심했다. 아바라가 뭐지? 아바라 한 잔, 덜 달게 주세요라는 메뉴 주문이 왜 이리 매력적으로 들렸는지 모른다. 심지어 다시 듣고 싶었다.

아바라가 아이스 바닐라라테의 줄임표 현이라는 사실을 나는 그로부터 한 참 지나서 알게 되었다.

"언니도 아바라?" 라는 질문에 "아바라가 뭐야?"라고 물어보고 나서야 알게 된 아바라. 그 날 엄청나게 웃었고, 그 날 이후로 나는 아바라만 주문했다. 아바라를 주문하고 나면 괜히 나도 지금을 사는 것 같았다. 빠르게 변하는 시간 속에 나도 사는 것만 같았다. 나 이런 사람이야. 나 아바라도 주문하는 사람이라는 뭐 그런 시덥지 않은 생각이라도 들면 움츠러들었던 어깨가 그나마 펴지고, 세상 당당한 주인공이 되는 기분까지 들었다. 아바라가 뭐라고, 사람을 이렇게까지 당당하게 만들어줄 수 있었는지 지금은 새삼 그때의 내가 참 애틋하다. 엄마로 아내로 사느라고 수고했고, 애썼고, 자신을 배려하지 못하고, 너무 막 사용했던 나에게 아바라는 위로가 되었고, 격려되었고, 아바라를 마시는 순간만큼은 어떤 세상으로 들어가도 잘 살 수 있을 것만 같았다. 아바라를 모를 수도 있지, 아바라를 모를 만큼 난 참 열심히 살았구나로 위안으로 삼아본다. 그리고 아바라 한잔 덜 달게! 달달하게주세요 라고 주문하기엔 관리하지 못한 나의 몸에 대한 최소한의 예의일지도 모른다. 어쩌면 나에게도 다시 찾아올 리즈의 때를 바라는 소망일지도 모른다. 어찌 되었든 아바라는 나에게 지금을 살게 하는 힘이다. 아바라를 몰라도 괜찮았던 삶이 아바라를 알게되니 더 괜찮은 삶이 되었다는 사실은 아바라의 숨겨진 에너지가 아닐까?

오늘의 어떠함에도 나의 최선을 찾아가는 하루하루의 치열함에 아바라 한잔이 주는 여유와 힐링이 있길 바란다. 오늘도 수고 많았어요. 당신은 오늘도 당신으로 충분해요.

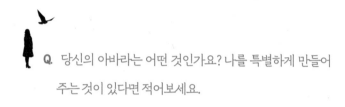

Q. 당신의 아바라는 어떤 것인가요? 나를 특별하게 만들어

주는 것이 있다면 적어보세요.

오늘을 산다는 것

오늘을 산다는 것은 어떤 것일까? 나는 오늘을 살고 있는 가? 라고 생각해보면 오늘을 살면서도 오늘을 살지 않고 있었구 나가 나의 대답이다. 언제나처럼 기분 좋은 하루, 기분 좋은 오늘 을 보내라고 인사를 하면서도 나는 왜 오늘을 살지 않고 있는지 모르겠다. 어떤 오늘은 그때 그랬더라면 어땠을지를 생각하며 후회하거나 그땐 그랬지라며 추억을 먹고 지내고 어떤 오늘은 로 또에 당첨되면 이렇게 돈 써야지를 생각하며 지내고(로또를 하지 도 않으면서 생각하는 이유는 또 무슨 이유인지 모르겠다), 이 고민만 해 결되면 행복하겠지를 생각하며 지내는 이유가 뭘까? 왜 불안한 미래를 살고 있는지 모르겠다. 당장 5분 뒤에 어떤 일이 일어날지 아무도 모르는데 소중한 지금을 살면서도 나는 왜 불안한 미래를 안고 사는 것인지 모르겠다.

오늘이란 무엇일까? [명사] 1. 지금 지나가고 있는 이 날. 2. 지금의 시대. [부사] 3. 지금 지나가고 있는 이 날에.

지금 지나가고 있는 이 날! 오늘을 의미 있게 보낼 방법은 뭘까?

1년 뒤 3년 뒤 10년 뒤의 계획으로 인해 오늘을 즐겁게 보내지 못하고 있다면 그것은 의미가 있을까? 오늘을 산다는 것! 그것은 지금에 충실하면 그만이다.

1년 뒤 10년 뒤의 계획안에서 목표를 향해 달려가면서도 지금 지나가고 있는 이 날에 집중하며 사는 것, 그래서 오늘이 얼마나 값지고 소중한지를 아는 것! 그래서 어느 때이든지 일상을 산다는 것! 그것이 오늘을 사는 것이다.

사실은 언제나 평범한 오늘이다. 그 평범한 오늘을 지내오며 특별했던 감사를 찾는 것이 지금을 가장 멋지게 사는 삶의 결과다.

Q. 오늘 감사한 일이 있다면 어떤 일이 있나요? 감사 제목 3
가지를 적어보세요.

거봐요. 오늘도 어제보다 더 멋지게 살아오셨잖아요. 언제
나 오늘이 우리 인생 최고의 날이라는 사실을 기억하세요. 그 최
고의 날은 이미 당신 것입니다.

위기관리의 열쇠는 바로 지금

매일 순간마다 위기를 의식하고 문제를 찾으며, 나의 연약함을 마주하며 살진 않는다. 물론 그렇게 긴장하며 사는 사람들도 있겠지만 보통은 오늘 저녁은 뭘 해 먹지? 오늘은 뭐하지? 오늘은 뭐 입지? 의 선택의 선택을 하며 살아간다. 그리고 해야 할 일들과 해야만 하는 일들 사이에서의 선택도 하며 그렇게 참 열심히 살아간다.

누가 못 살고 잘 살고는 의미가 없다. 내가 어떻게 살고 있는가가 중요한 것이다.

위기는 언제나 찾아온다. 하루하루 틈 없이 살다가도 갑자기 무너질 때가 오기도 한다. 그냥 생각지도 못했던 일들이 생기기도 한다. 나의 계획과는 다른 일들 말이다.

나는 오늘 아침 7시에 일어나서 잠시 스트레칭을 하고 독서를 하고, 아이들 아침을 준비하고 학교를 보낸 뒤 9시부터 10시까지 집안 정리를 한 후 10시부터 11시까지는 걷고, 11시부터 11시 반까지는 씻고 잠시 휴식을 취한 후 11시 반부터 1시까지는 강의 준비를 하고 1시부터 30분간 점심을 먹고 잠시 쉬었다가 낮잠을 2시 반까지 자고 일어나서 2시 반부터 4시 반까지 글쓰기 몰입을 하고 4시 반부터 6시 반까지 아이들과 놀이터에서 놀고 6시 반부터 7시 반까지는 저녁을 먹고 치운 후 7시 반부터 8시 반까지 아이들 잠잘 준비를 하고 함께 가족 독서를 한 후 9시부터는 아이들을 재우고 10시부터 새벽 2시~3시까지는 성경공부를 하고, 강의를 듣고, 공부하는 시간을 보내야겠다고 계획을 했는데 과연 얼마나 이 계획대로 살아질까?

계획대로 살아내는 데 가장 중요한 조건이 하나가 있다. 그것은 바로 신체에너지다. 나의 신체에너지는 그때마다 다르다.

강의를 듣고 공부를 해야 하는 데 갑자기 두통이 몰아치면 무슨 선택을 해야 최선일까? 낮잠을 30분만 자려고 했는데 일어나보니 2시간이 훌쩍 넘어있다면 어떠할까? 그리고 어떤 기분인가? 두통으로 몸도 아픈데 마음에 스트레스가 더 크진 않은지, 사실 2시간 정말 잘 자고 일어난 건데도 일어나는 순간 스트레스가 가득할 수 있다.

어떤 사람은 머리가 아프네! 오늘은 좀 쉬어야겠다. 2시간이나 잤네? 정말 내가 피곤했었구나! 잘 잤네. 그럼 집중해서 뭘 해야겠다는 반응을 하기도 한다.

두 반응의 차이는 바로 같은 상황이어도 내가 어떤 관점으로 바라보느냐에 따라 내가 느끼는 감정, 반응들이 달라질 수 있음을 보여준다. 오늘 나는 나에게 어떤 반응을 많이 하고 있는지 살펴보는 것부터 시작해야 한다. 단순한 것도 반복하다 보면 나의 뇌와 마인드에 변화를 주고 내 삶에 변화할 수 있다는 자기 믿음이 생긴다.

우리는 다른 사람들의 말이나 인생 또는 성공에 관심이 많다. 그렇기에 미라클모닝을 못하는 나 자신이 실패자 같고, 계획대로 살지 못하는 나 자신이 용납이 안 될 수도 있다. 그럴 때 나의 진짜 마음에 집중해봐야 한다.

나의 현재 모습을 직면하며 나 자신에게 하는 나의 이야기에 집중하는 것이 위기관리의 핵심이다.

위리더에서 진행된 마인드파워리딩 비기너과정을 통해서 마음을 새롭게 하고 그것을 이끌어 가는 삶이 얼마나 중요한 삶인지를 알게 되었다.

우리는 어떤 삶을 살고 싶은지 선택할 수 있다. 그 선택할 수 있음을 아는 것부터 시작하면 된다. 우리는 모두 자유의지를 가진 존재이다.

하버드대학교 외과대학 신경학자, 파스쿠알레온의 신경가소성 연구가 의미 있게 다가왔다. 피아노를 연주해 본 적 없는 사람들을 모아 단순한 음의 멜로디 연주법을 가르쳤다. 이후 두 개의 그룹으로 나누어 한 그룹은 5일 동안 매일 키보드로 멜로디를 연습하도록 했다. 또 다른 그룹은 같은 기간 동안 건반을 건드리지 않고 멜로디로 연주하는 상상만 하도록 했다. 5일 후 결과는 피아노를 치는 상상만 했던 사람들도 실제 건반을 친 사람들과 정확히 같은 종류의 뇌 변화를 보였다.

예를 들면 역도선수 장미란 선수가 세계선수가 될 수 있었던 것도 이미지트레이닝이었다. 자신이 참가할 경기의 이미지를 통해 그려갔다. 경기대에 어떻게 오르고, 어떻게 들어 올리며, 성공한 후 사람들의 환호를 받으며 경기대에서 내려오는 이미지를 구체적으로 그려보는 것, 또는 박태완 선수가 실제로 수영장에서 연습은 하지 않았지만 매일 수영연습을 하는 상상을 했던 것으로도 실제로 연습했던 효과를 얻었던 것도 다 이런 이유다.

이것이 마인드파워다. 내가 직접 그 일을 하지 않아도 사상만으로도 충분히 신경이 연결되고 활성화된다는 것이다. 그것을 뇌 가소성 또는 신경가소성이라고 말한다.

우리는 매일 매 순간 우리의 뇌에 변화를 가할 수 있고, 새로운 뇌를 적응시킬 수 있다. 마음의 능력을 키워야 한다. 내 생각을 선택할 수 있다. 그냥 무엇인가를 다양하게 시도하고, 무조건 실행해야 한다고 생각하기 전에 나의 현재 상태를 관찰하는 것이 무엇보다 중요하다. 그럴 때 '도대체 요즘 나 왜 그럴까?'에 대한 답을 찾을 수 있다.

part 3

그래서 뭐!
트라우마 그까이 껏!

하루 10분 진심에 터치

다정이라는 것이 어떤 의미인가? 언제 처음 다정을 느껴보았나? 다정하다. 다정한 그 느낌이 어떤 느낌일까? 다정한 사람은 어떤 사람일까. 트라우마를 이기기 위해서 가장 먼저 다정함에 대해서 생각해보아야 한다. 다정은 나에게 친절한 사람, 자신의 정을 나눠주는 사람, 따뜻한 느낌, 사랑의 느낌으로도 표현할 수 있다. 우리는 언제나 다른 사람에게 향해서는 다정한 사람인 적이 참 많다. "괜찮아. 그럴 수 있어." "어쩔 수 없었잖아, 다음엔 더 잘할 거야." "넌 최선을 다했어." 등등 참 많은 위로와 격려도 건네기도 하고, "화가 날 수도 있지, 소리 지를 수도 있지, 그러면서 성장하는 거지…" 등등 어떠함에도 괜찮다고 이해한다고 넘어가기도 한다. 하지만, 나를 향해서는 어떠한가? 나는 나에게 다정한 사람인가? 라는 질문에 얼마나 많은 사람이 "네! 저는 저에게 다정해요"라고 말할 수 있을까? 물론 나도 그랬다. 절대 나에게 다정하지 못한 사람이었다. 늘 매정하고, 완벽한 기준 앞에서 나는 '늘 모질이야. 어떻게 그럴 수 있어? 너는 엄마 될 자격도 없어. 다 네 탓이야.' 등등으로 늘 자책하고, 후회했다. 왜 늘 나 자신에게는 다정할 수 없을까? 나와 같은 상황의 소중한 다른 누군가에게 해주고 싶은 말을 나에게 해주는 것부터 시작해보길 바란다. 그렇게 자신에게 먼저 다정할 필요가 있다. 나에게 다정할지 안 할지는 내가 선택하는 것이다. 내가 어떤 마음으로 다정한 사람이 되고 싶었든 간에 명확하게 우리가 동의해야 하는 것은 어떤 사람이 될지는 나의 선택이라는 사실이다. 나는 상처받았기 때문에 나는 절대 다른 사람들에게 그렇게 하지 않을 거야 라고 다가가면 안 된다.

내가 받아온 상처가 때로는 나에게 좋은 경험이 된다. 아무리 다정한 사람이 되려고 기를 쓰고 노력을 해도 다정한 사람이 되지 못할 수도 있다. 예를 들면 굉장히 시니컬하고 이성적인 사람이 한순간에 부드럽고, 감정적인 사람으로 바뀐다는 것은 쉽지 않기 때문이다. 내가 다정한 사람이 되기로 선택했다 할지라도 앞으로의 모든 삶에 다정한 모습만 있을 수 없다는 것도 인정해야 한다. 그럼에도 다정함에 대해서 배우고 노력해야 한다. 다정한 말을 하고 싶어도 잘 안될 수도 있다. 그래서 배울 필요가 있다. 다정한 말, 다정한 태도를 배워야 한다. 다른 사람에게 다정하지만, 본인에게 다정하지 않고 매정한 사람일 수 있다. 말은 사랑한다고 말해도 눈빛이 싸늘할 수도 있다. 다정한 사람이 되기 위해서는 제일 먼저 자신에게 다정해야 한다. 나에게 매정하면 다른 사람에게 따뜻하게 대하기 어렵다. 그리고 다정함을 유지하기 힘들다. 사실 신뢰, 다정한 사람은 내 안에 쌓여있는 것이 나가는 것이다. 자기 자신을 좀 받아주고 다정하게 대하는 시작은 자기 자신을 먼저 이해해주고 알아주고, 인정해줘야 한다. 어떻게 나를 먼저 이해하고, 알아주고 인정해줄 수 있을까? 그것은 내가 왜 이런 감정이 드는 것인지, 그때의 나는 왜 그런 선택을 했는지에 대해서 이유를 찾아가야 한다

그렇게 되면 다른 사람들이 나에게 다정하지 않아도 내가 나에게 다정하면 그것이 마음이 크게 상처받지 않는다. 나를 인정해야 나와의 관계가 바르게 세워지고 아이, 남편, 가족과의 관계도 회복된다. 자신이 고통 중에 있을 때 따뜻하게 있는 그

대로 받아주며 좋은 친구에게 해주듯 자기에게 해주는 것이 필요하다.

남에게 듣기 싫은 말을 나에게도 해주지 말아야 한다. 그러다 보면 불안과 우울감이 줄어들고 감정조절 능력이 키워진다. 왜 그럴까? 내가 나의 마음을 알아주니까 힘이 생기는 것이다. 좋은 행동을 선택할 에너지가 생긴다. 나를 경청하는 것만큼 다른 사람을 경청할 수 있고, 나를 공감하는 것만큼 다른 사람을 공감할 수 있게 된다. 요즘 긍정 확언을 외치는 사람들을 많이 볼 수 있다. 나는 된다. 무조건 된다. 그렇게 외치면 과연 될까? 나는 조심스럽게 무조건적인 긍정은 경계할 필요가 있다고 생각한다. 물론 긍정이 하루를 살아갈 힘을 줄 때도 있지만 내 안에서 울려 퍼지는 두려움이 있는데 무한긍정은 두려움을 보지 못하게 한다. 그래서 언제나 두려움은 그대로 있기 마련이다. 그렇기에 또다시 비슷한 상황이 올 때는 그 두려움이 자기비판, 분노, 우울한 마음으로 다시 드러난다. 두려움은 두려움으로 그대로 봐주면 사라진다. 애써서 힘을 내고, 에너지 높이려고 하는 게 아니라 그냥 나는 이게 힘들다고 말해보는 것이 먼저다.

나에게 다정할 수 있는 또 다른 방법은 남에게 해줄 친절을 자신에게 베풀어주어라. 정말 어렵고 힘든 그 상황에서 이런 질문을 스스로 해보길 바란다.

"정말 아끼는 후배가 당신과 같은 상태라면 뭐라고 해주고 싶나요?"

그리고 그 대답을 나에게 해주면 된다. 그것이 내가 정말 듣고 싶은 말이기 때문이다.

"괜찮다고, 지금도 잘하고 있어"라고 말해주길 바란다.

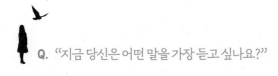

Q. "지금 당신은 어떤 말을 가장 듣고 싶나요?"

하루 10분이면 된다. 아니 3분이어도 좋다. 나에게 가장 진심 어린 말로 진심에 터치하는 시간을 갖길 바란다.

여백이 주는 작은 힘

트라우마를 안고 살아가는 나에게 쉰다는 것은 쿵쾅거리는 마음에도 쉼을 주는 것과 같다. 매 순간 두려움으로 살진 않는다. 그저 나의 마음에 쉼을 주는 것. 그 작은 여백이 모이다 보면 마음에 틈이 생긴다. 마음의 쉼에, 여백이 주는 가장 큰 힘은 여유다. 마음에 여유는 나의 삶이 그저 버텨내고 살아내는 것이 아니라 그저 살아지게 하는 힘을 준다. 삶의 쉬어가는 방법으로 나는 그냥 멍하게 앉아있곤 한다. 아무 생각하지 않고 그저 멍하게 있는 것이 사실 꽤 어렵고, 집중이 필요하다. 예를 들면 "코끼리가 있는데요, 코끼리를 절대 생각하지 마세요. 코끼리 어떻게 생겼는지 절대 생각하지 말고 떠올리지 마세요"라고 말을 한다면 그 다음 반응은 아무리 생각하지 않으려고 해도 코끼리가 떠오르는 것과 같다. "생각하지 말자. 생각하지 말자"라고 생각하며 멍때리기란 정말 쉽지 않다. 그럴지라도 멍할 수 있는 시간을 하루에 10분이라도 가질 때 가장 편안한 호흡과 마음으로 돌아간다.

Q. 당신이 가장 편안하게 쉬는 모습은 어떤 모습인가요? 가장 편안한 모습으로 가만히 쉬어가는 것부터 해보세요. 두렵고, 우울해지는 그 순간에 말입니다. 그러면 일단 마음에는 나에게 좀 더 좋은 편을 선택하는 힘이 생깁니다.

오늘이 소중한 이유

나의 삶의 터닝포인트가 여러 포인트가 있지만 내가 삶을 바라보는 시선과 태도가 완전히 바뀐 사건이 있다면 그 날이다.

그 날은 삶과 죽음의 경계 그쯤에 있었다.

말기 암 환자인 가장 친한 친구를 만나고 있었던 2017년 11월 15일,

우린 오늘이 마지막인 것처럼 만나면서도 내일을 기약하며, 다음 달에 또 만날 것을 약속했다. 지금까지 정말 누구보다 최선으로 살아온 친구의 하루하루를 우리는 최선을 다해 기억하며,

모든 일을 기쁘게 여기며 웃고 또 웃었다. 눈물은 속없이 흘렀지만 그래도 함께 눈 맞추고, 이야기하는 삶의 일상이 참 소중했다.

"여기 한국병원인데요, 정성원 씨 보호자 되시죠? 지금 심정지가 와서요. 보호자님 어서 병원으로 와주셔야겠습니다."

그 날이다. 나의 친구와의 만남도 친구의 내일의 어떠함에도 나는 광주에서 대전까지 택시를 타고 무작정 병원으로 달려갔다.

눈물도 나오지 않았고, 어린이집 원장님께 맡긴 첫째, 둘째가 걱정되었고, 내 품에 있던 10개월 된 막내를 보며 가만히 있을 수가 없었다. 신랑의 소식을 듣고 정말 많은 사람이 찾아와주었다. 그들 사이에 나는 그 어떤 말도 못 했다. 웃으며 그저 잘 지내고 있냐는 말로 정말 일상적인 이야기를 나눌 뿐이었다.

'나는 어떻게 살아야 하지…? 만약……. 그렇다면…' 이 질문이 시작이었다.

내가 지금까지와 다르게 살기 시작한 17년 11월 15일은 내 인생 가장 추운 겨울이 시작되었다. 삶과 죽음 앞에 아무것도 할 수 없었던 작고 작은 나를 직면했다. 지금까지 살아왔던 삶이 아무것도 아니라고 말하진 못하지만, 왜 그렇게까지 살아왔을까 하는 마음이 들어왔다.

'하나님, 살려주세요.'

우린 그 긴 터널을 짧은 사이에 지나왔다. 사명자는 살려주시는 은혜가 있었다. 나는 이 세상에 소망이 없어서 그냥 오늘 죽으나 내일 죽으나 괜찮을 것 같지라는 말을 달고 살았던 삶이었다. 그런 내가 살려달라고, 그리고 나도 살고 싶다고 말했다.

그리고 오늘, 오늘을 살기 시작했다. 보고 싶은 것들, 가고 싶은 곳들, 먹고 싶은 것들 별거 아니지만, 하나씩 하나씩 이뤄갔다. 다음에 가지 뭐, 다음에 먹지 뭐, 다음에…. 그런 말들이 지금! 오늘! 로 바뀌었다.

"여보, 바다 보고 싶다."

"가자."

"여보, 강원도 갈까?"

"가자."

"여보, 오늘은 그냥 배달 주문할까?"

"그러자."

"나 대학원 가고 싶어."

"그래 다녀."

왜 그렇게 그동안 고민하고, 계산하고, 다음을 기약하며 오늘을 살지 못했을까 싶을 만큼 그날 이후 우리는 지금을 살고 있다.

아이들을 향해서도 마찬가지다. 화낼 이유가 없다. 오늘 보는 아이들을 내일은 조금은 더 자란, 어제 만난 아이들이 아님에 오늘을 최선으로 대하기 시작했다. 사랑이 더 가득하다. 아이들이 그저 좋다. 그렇다고 하루하루가 마냥 좋지도 않다. 화도 나고, 짜증도 나고, 우울하기도 하고, 다시 그날이 찾아오면 어떡하지? 라는 불안함도 안고 산다. 그래도 즐겁다! 그래도 살아있음이 감사하다. 오늘을 살 수 있음이 감격이다. 뭘 더 하려고 하지 않는다. 완벽하게 하려고 나를 더는 코너로 몰아넣지 않는다. 그저 오늘을 살아간다. 내가 할 수 있는 만큼만. 내가 즐길 수 있는 만큼만!

인생 뭐 있나? 오늘을 최선으로 오늘을 감사하며 살아가는 것! 그것이면 된다.

삶의 힘 빼기

소명이라는 단어가 내 삶에, 내 마음에 깊이 들어왔을 때가 있다. 대학 시절 교회청년부 수련회를 다녀오는 중에 지리산의 구불구불한 길을 달리던 차에 브레이크가 파열돼서 정말 큰 사고가 날 뻔한 일이 있었다. 청년부원들이 타고 있던 봉고차 앞에 목사님께서 운전하던 SUV 차량이 가고 있었는데, 봉고차의 상황을 눈치챘는지 1차로 봉고차를 박아 속도를 어느 정도 줄인 상태로 가드레일을 받을 수 있었다. 그때 운전하던 오빠의 운전 솜씨로 낭떠러지로 떨어지지 않고 멈췄다. 아직도 생생했던 그때, 나는 처음으로 '아, 내가 살아야 할 이유가 있구나'했다. 사고처리를 위해 오신 경찰관이 하는 말씀이 더 기가 막혔다. "원래 여기가 사고가 굉장히 자주 나던 자리인데, 다행히 이렇게 낭떠러지로 떨어지지 않고, 살아난 것은 당신들이 믿는 하나님 덕분이라고 생각하고 지금부터는 덤으로 사는 인생이라고 생각하고 사시오"라는 그 말씀이 아직도 귓가에 생생하다. 난 그때부터 덤으로 사는 삶으로 정말 누군가에게 부끄럽지 않은 삶을 살려고 애쓰며 살았다. 뭐든지 완벽하게 하려고 하고, 뭐든 나서서 내가 하고, 덤으로 주신 인생! 더 갚아 드리는 삶을 살아보려고 단기선교로, 캠프로, 수련회로 내가 할 수 있는 최선으로 살았다. 물론, 모든 순간이 다 완벽했고 찬란했다고 말할 수 없을 만큼 반항의 시간도 있었지만 내가 살아냄으로, 살아가므로 갚아 드리는 마음으로 살았다는 것은 의심할 여지가 없다. '내가 이 세상을 변화시키리라! 내가 이 세상을 바꾸리라! 내가! 지금 하리라'라고 외치며 살아왔다. 그렇게 내 생명 하나님께 드린다고 참, 무겁고도 어려운 이야기를 쉽게 하면서 말이다. 돌아보면 내가 뭘 한다고 해서 세상이 바뀌거나 변화된 건 아니었지만 그래도 그것이 소명이라고 생각했다. 그땐 그런 치열함이 내가 살아난 이유라고 생각하고, 내가 태어난 이유라고 여기며 살았다. 그러면서 자연스럽게 선교단체 선교사로 살면서는 내 삶의 끝은 선교지라고 두 손 불끈! 쥐고 말이다. 하지만 삶은 늘 내 생각대로, 내 계획대로 살아지는 것이 아녔다. 때로는 참아야 할 때도 있고, 견뎌야 할 때도 있고, 포기해야 할 때도 있고, 하기 싫어도 해야 할 때도 있었다. 무엇인가를 완벽하게 해내도 만족함이 없었고, 늘 부족하게만 느껴지고, 늘 잘못한 것 같고, 이런 노력은 누구나 다 하는 거라 여기며 치열하게 살았다. 그러다 정말 삶의 쇼크가 왔다. 출산 후 시작된 양육이 적응하기도 전에 연년생 임신과 출산으로 정말 3년은 내가 없이 살았던 것 같다. 점점 내가 사라져가는 기분이었다. 도대체 나는 왜 이 세상에 태어났지? 아이를 낳고 키우는 게 전부가 된 것 같은 하루하루의 삶이 나를 저 밑바닥까지 가게 했다. 그렇게 나는 삼 남매의 엄마로 살아갔다. 과연 이렇게 사는 것이 의미가 있을까? 나는 소명대로 살고 있을까? 라는 물음이 강하게 다가왔고, 도대체 어떻게 사는 것이 내가 이 세상에 태어난 이유로 사는 모습인지 찾아가기 시작했다. 수많은 자격증을 공부하고, 취득하면서 이유를 찾으려고 했다. 그렇게 자꾸 나의 존재를 증명하려고 애썼다. 그러던 어느 날! 불현듯 내 안에 이제 그만 해야겠다는 마음이 들어왔다. 자격증, 수료증, 경영학석사가 나를 증명하진 않았다. 내가 태어난 이유가 이런 자격증, 수료증을 취득하며 사는 것이 아닌 것은 분명했다. 도대체 나는 무엇을 위해서 누가 시킨 것도 아닌데 이렇게까지 살고 있는지 돌아보며, 정말 애쓰며 살아온 내가 보이기 시작했다. 치열하게 살아온 내가 참 대견했다.

생각해보니 모든 순간 나는 내가 태어난 이유로 살아왔었다. 무엇을 열심히 해서 내 삶으로 갖기 위해 태어난 게 아니라 순간순간 살아낸 하루하루의 삶, 그 자체가 내가 태어난 이유였음을 깨닫게 되었다. 하나님을 만나고, 내 안에 살아계신 예수님의 생명으로 사는 지금의 내 삶, 그 자체가 소명임을 이제는 확신한다. 내가 누군가를 만나고 무언가를 하며 내가 즐거워하고, 기뻐하고, 만족하며, 행복하게 사는 삶도 때로는 지치고, 무너지고, 게으르게 살고, 드라마만 온종일 보는 삶도 Why not?

오늘도 나는 나의 소명대로 참 잘 살아가고 있다.

만약 내가 이 세상에 사라졌다고 생각한다면⋯. 어떤 일이 생길까를 생각한 적이 있다. 내가 태어나지 않았다면? 내가 누군가를 위해 했던 행동들, 선택들이 다 사라지면, 내가 만나고, 알게 된 누군가도 과연 존재할까를 생각해보게 된다. 내가 이 세상에 태어나지 않았다면 우리 아이들도 없었겠지. 그리고 내가 살린 누군가의 삶도 없었을 것 같다. 그래서 그 누군가와 관계된 누군가의 삶도 엉망이 되었을 수도 있다. 그렇게 생각하면 나는 태어난 그 존재 자체가 꼭 태어났어야 한다고 생각한다. 그래서 각자마다 삶 그 자체는 태어나는 것부터 소명이고, 태어남의 이유가 되는 것이다.

그래, 넌 그래서 살아있는 거구나

내가 여기, 지금 살아있다고 느끼는 순간은 참 소소하다. 아침에 눈을 떴는데 그날따라 가뿐하고, 기분 좋은 마음이 들면서 콧노래가 나오면 '아, 나는 살아있구나' 한다. 길을 걷다가 노랗게 물든 은행잎을 보면서 "웬일이야! 언제 이렇게 노랗게 변했지?"라는 순간 '아, 내가 오늘을 살아가고 있구나'한다. 길을 걷다가 나도 모르게 찰칵! 하고 그 찰나를 찍을 때가 있다. 그 때의 그 장면이 나에게 의미가 있었거나, 예뻤거나, 누군가에게 보여주고 싶었을 것이다. 그래서 그 철칵의 순간에 '아, 내가 지금 여기를 살고 있구나'한다. 소소한 순간순간 살아있음이 감사가 된다. 때로는 은혜 아니면 살 수 없는데 오늘도 은혜로 사는 순간도 있다. 나는 이렇게 지금을 살고, 오늘을 살려고 한다. 내가 가장 편안하고, 즐겁고, 옳다고 생각하는 모습으로 행복하게 살며 오늘에 집중하다 보면 어느 순간 트라우마도 그저 그 순간 함께 하는 친구 정도로 마주하게 된다. 트라우마가 완벽하게 사라질 것이라는 기대는 없다. 여전히 나는 그때의 장면들을 생각만 해도 심장이 쿵쾅거리고 온몸이 긴장이 되는 건 사실이기 때문이다. 그저 담담하게 그랬었지 그때 아주 무서웠었지 라며 심장에 손을 대고 말해주면 심장은 어느새 잠잠해진다. 그렇게 나는 종종 떠오르는 트라우마와 함께 오늘을 살아간다.

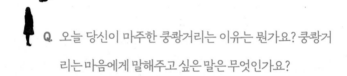

Q. 오늘 당신이 마주한 쿵쾅거리는 이유는 뭔가요? 쿵쾅거리는 마음에게 말해주고 싶은 말은 무엇인가요?

피해자가 교도소에 가다

"교도소 강의를 할 수 있어요?"라는 질문에 나도 모르게 대답했다. "그럼요, 어떻게 하면 될까요?" 그렇게 한 걸음 앞으로 내디뎠다. 할 수 있을까? 해도 될까? 라는 마음보단 어떻게 하면 될까부터 생각했던 결과는 기회가 되어서 찾아왔다.

고민하지 않았다. 무조건 네! 였고, 떨리는 마음으로 교도소를 향했다. 수감자들의 인성교육, 인문교육의 차원으로 진행하는 교육강의였다. 나는 장기수가 아닌 1~5년 수감자들 교육을 하게 되었다.

교도소에서 나오면서

교도소를 들어갈 때, 신분증과 핸드폰을 맡기고 들어가게 된다. 그리고 촬영금지라는 말에 그저 처음부터 끝까지 사진은 찍을 생각도 못 하던 중에 왠지 걸어 나올 때의 장면은 남겨주고 싶었다. 그래서 처음 찍은 사진이자 마지막 사진이 바로 이 사진이다. 내가 직접 만나면 내가 죽일 거야! 라고 저주하며 용서하지 않았는데, 지난 세월은 점점 한 사람을 향한 마음으로 변해있었다. 그때 내가 하던 강의 제목은 '관점이 바뀌면 새로운 인생이 된다'였고, 마음의 힘을 끌어올려 주는 강의였다. 강의가 다 끝난 뒤! 수감자 한 분이 큰 소리로 "강사님! 감사합니다. 관점 전환하겠습니다."라는 수감자의 외침을 들었을 때는 눈물이 핑 돌았었다. 내가 그 사람 만나면 죽일 거야! 라고 생각하고 상상하던 내가 그들의 새로운 인생에 관해서 이야기할 줄은 생각도 못 했다.

강의하다 보면 질문을 하게 되고, 그들의 생각도 마음도 목소리도 듣게 된다. 왜 저 청년은 이곳에 있을까? 저 어르신은 무슨 잘못을 했을까? 라는 생각을 하는 건 당연하다. 그런데도 안타까운 건 그들에게도 정말 하고 싶었던 꿈이 있었다는 것이다.

가족들과 따뜻한 밥 한 끼.
러시아 여행 가고 싶어요.
다시 한번 새롭게 사업을 시작하고 싶어요.
가족들에게 책임감 있는 아빠가 되어주고 싶어요.
공부해보려고요.

내가 생각한 것보다 더 소소한 꿈들을 바라고 있었다. 그 꿈을 하나씩 말하는 모습에서 누군가의 아들, 누군가의 남편, 아버지의 모습들이 보였다. 단순히 나의 커리를 위한 기회가 아녔다. 그들의 잘못을 이해하는 것은 아니다. 그저 지금 그들의 상황에서 어떻게 하면 도울 수 있을지를 생각하게 된 계기가 되었다. 코로나로 잠시 멈춘 교육의 기회지만, 분명 또 기회는 올 것이다. 다시 그 기회가 온다면 나는 다시 그들의 관점에 관해서 이야기할 것이다. 달라질 것은 없다. 살다가 만나는 수많은 위기와 문제 앞에서 본능적으로 반응하기 전에 한 번쯤은 멈춰서 어떤 선택이 나에게 가장 좋은 선택일지를 생각해 볼 수 있는 힘을 전하고 싶다. 그 잠깐의 멈춤이 인생을 바꾼다.

상처 입은 조개가 진주를 만든다

고난이고 역경이라고 생각했지만, 그것은 기회였고 나의 경력이 되었다. 그리고 한가지 알게 된 사실은 내 주변에도 나와 비슷한 피해를 받은 여성들이 있었다는 것이다. 가까웠던 후배이기도 하고, 친구이기도 하고, 선배이기도 했던 그들에게 나의 이야기는 또 다른 삶의 이유가 되기도 했다. 감추고 또 감춘 그 날 밤, 그 새벽의 일들을 꺼낼 수 있게 된 나의 이야기가 진정한 회복의 첫걸음이 되었다는 것이 참 감사하다.

2004년에 처음으로 필리핀을 간 적이 있다. 단기선교로 다녀왔는데 필리핀대학교에서 만난 친구들과 함께 놀면서 액세서

리를 파는 길거리에 작은 상점에 간 적이 있었다. 그곳에서 본 진주가 정말 아름다웠다. 가장 비싼 코너를 가보니 정말 눈이 휘 둥그래졌다. 살 수는 없었기에 천천히 둘러보던 중에 값이 싼 진주 팔찌가 눈에 들어왔다. 천천히 보면 볼수록 오묘하고 아름다웠다. 울퉁불퉁 하기도하고, 길쭉하기도 하고, 완벽한 원형도 아니었고 제각기 다른 모양의 진주들이 하나씩 엮여있었다. natural pearls, pure pearls 내가 아는 표현으로 천연진주인지 물어봤다. 가공하기 전 자연 그대로의 진주라고 했다. 보석에 대해서 잘 알지 못한 나는 그렇게 천연진주 팔찌 하나를 샀다. 모양이 어떻든 조개에서 생긴 진주 자체의 가치가 비싸든 비싸지 않든 의미가 있었다. 진주는 조개의 고통의 결정체다. 조개에 이물질이 들어가면 조개는 2가지의 선택을 하게 된다. 첫 번째 선택은 즉각적으로 이물질을 녹이기 위해 강력한 '나카(nacre)'라는 물질로 분해시키려고 이물질을 감싸는 것이다. 두 번째 선택은 그대로 내버려 두는 것이다. 첫 번째 선택과 두 번째 선택 중에 어떤 조개가 진주를 만들어 낼까? 눈치챘을 것이다. 이물질에 즉각적으로 대응하기 위해 강력한 소화액으로 이물질을 감싸기를 선택한 조개에서 영롱한 진주가 나온다. 두 번째 선택을 하고 이물질의 고통을 그대로 견디는 조개는 결국 이물질로 인해 병들어 죽게 된다. 아무리 고통스러워도 나카라는 소화액을 생산해서 이물질을 감쌀 때야 살 수 있고, 진주조개가 된다. 모든 조개가 진주조개가 될 수 있다. 살기 위해 이물질이라는 상처와 고통을 극복하는 한 걸음 한 걸음의 결과의 모습이기 때문이다. 처음부터 이물질이라는 고통과 문제와 위기가 나에게 일어나지 않으면 좋겠지만 그런 인생은 없다. 조개에게 고통은 결국 자신을 아름답게 살리는 길이 되는 것처럼 우리의 인생의 여러 문제와 위기들도 나를 아름답게 만들어 간다는 것은 의심할 여지가 없다. 내가 문제와 위기 앞에 어떻게 반응하느냐에 따라 고통스럽고 아프더라도 그 과정의 끝에 진주조개가 되는지 아니면 고통스럽고 아프면서 그대로 그냥 조개로 죽어갈지는 나의 선택이다.

우리의 인생에 상처 없는 사람이 없고, 사정없는 사람이 없다. 지금까지 나름대로 정말 열심히 상처와 위기를 안고 살아왔을 것이다. 모래 한 알갱이에서 시작된 진주가 천연인지 아닌지는 눈으로도 구별된다. 오랜 시간에 걸쳐서 만들어지기 때문에 각자마다 개성이 있고 독특한 아름다움을 갖기 때문이다. 그렇기에 어떤 진주가 예쁘고 대단하다고 말할 수 없다. 저마다 빛나는 아름다움을 마주하자.

당신이 두려워했던 일을 지금 시작하라.

두려움은 충분히 극복할 수 있지만, 당신이 그 자리에 눌러 앉아 아무런 시도도 하지 않는다면 영원히 용기를 기를 수 없다.

명장들도 처음에는 아마추어였다.

고단한 역경은 내일을 향한 빛나는 기회이다.

고뇌 없이 정신적 성장은 있을 수 없고 인생의 향상도 불가 능하다.

고뇌는 생활에 있어서 필요불가결의 유익한 존재이다.

인생은 하나의 실험이다. 실험이 많아질수록 당신은 더 좋 은 사람이 된다.

삶은 자신이 태어나면서 짊어진 스스로의 사명을 완수하는 데 있다.

내가 아직 살아있는 동안에는 나로 하여금 헛되이 살지 않 게 하라.

역경은 그대에게 있어서 빛나는 가치이다

상처 입은 조개가 진주를 만들듯이 삶의 상처는 현재를 이기는 방법을 가르쳐 은인이 되어준다.

엄동의 빙하 위에서 한여름의 찬란함을 간직하고 황량하게 쌓인 눈 밑에 따뜻한 장미 송이를 본다.

- 렐푸 왈도 에머슨

Q. 진주조개가 되었다고 해서 고통스럽고 아프지 않은 것이 아닙니다. 진주를 만들어 내기까지 얼마나 많은 시간이 필요했을까요? 요즘 해결하고 싶거나 이루고 싶은 것은 무엇입니까? 기적처럼 그 일이 해결되었다면 어떤 것을 보게 될까요?

용서하지 않아도 된다

나에게 깊은 상처를 준 사람을 용서 할 수 있을까? 용서한다는 것은 어떤 의미가 있을까? 트라우마로부터 자유로워지는 길에는 용서라는 키워드를 빼고는 말할 수 없다. 해결하지 않고 엉킨 실타래처럼 마음의 가장 구석에 묻어둔 채로 그래도 둔다면 어떻게 될까? 그것만으로도 잊을 수 있을까? 절대 아니다. 묻어둔 그 마음은 순간마다 계속해서 나 자신을 괴롭히고 부정적인 반응이 나타나고 삶에 굉장히 악영향을 끼치게 된다. 우리나라는 시간을 멈춰버린 그 날들이 참 많다. 그중에 세월호 참사의 고통은 전 국민의 집단 트라우마를 경험했다고 말 할 수 있을 만큼의 참담한 사건이기도 하다. 누가 감히 그만하라고 할 수 있을까? 누구도 감히 그만 좀 하라고 할 수 없다. 그들에게 이제 그만 끝내고 용서하라고 할 수 있을까? 진정한 용서는 자신에게 일어난 일을 사실 그대로 똑바로 보고, 그 일에 대한 자신의 감정이 무엇인지 충분히 느끼고, 그러한 감정들을 풀어낼 때에 할 수 있다. 자신이 누군가에 의해 상처받았다는 사실을 인정하기도 전에 그 사람을 용서하는 것은 너무 성급한 행동이다. 하지만 사람들은 빨리 감정이 정리되는 것이 최선이라고 말한다. 고통과 분노, 아픔을 있는 그대로 느끼기도 전에 행동에 대해서, 사건에 대해서 용서하라고 요구한다면 진정한 용서를 할 수가 없다. 용서는 누굴 위한 것이어야 할까? 보통 용서라고 한다면 상대방이 자신에게 한 일에 대해서, 나에게 상처를 준 누군가에게 '그래도 괜찮아', '상처받았지만, 이제는 그 일이 상처가 되지 않아'라고 말해주는 것과 같다. 고통과 상처를 준 그 일이 아무것도 아닌 것이 아닌데도 그래도 괜찮아! 라고 상대방에게 말하는 것이 진짜 용서일까? 말로는 너를 용서할게라고 말하면서도 나의 말과 행동과 생각이 그때만 생각해도 화가 나고 떨리는 몸을 느낀다면 그것은 진정한 용서를 한 것이 아니다. 그저 상대방을 위한 용서일 뿐이다. 용서는 나에게 그렇게 해도 괜찮다는 것이 아니다. 단지 그 일로 인해 이제는 힘들어하지 않겠다는 나의 의지인 것이다. 즉 용서는 상대방이 아닌 나 자신을 위해 해야 하는 것이다. 누구의 강요로 되어서도 안 된다. 내가 믿는 하나님의 말씀으로라도 용서하라고 감히 말할 수가 없다. 영화 '밀양'을 보면서 정말 많은 생각을 한 적이 있다. 무엇이 옳다 그르다는 것으로 말할 수 없을 것 같다. 사실 말로는 범인을 용서했다고 했지만 실제로는 완벽하게 용서를 할 수 없었고 자신보다 더 신실하게 하나님을 믿고 평안하다고 말하는 범인을 마주하며 더 처참하게 무너지는 주인공을 보며 도대체 이것은 또 무슨 개떡 같은 상황인지 영화를 보고 답답함이 한꺼번에 몰려왔었다. 그저 용서의 주체는 내가 되어야 하는가? 아니면 범죄를 저지른 범인이 되어야 하는가? 그것도 아니라면 사람을 뛰어넘어 계시는 하나님이 하시는 것인가? 여기서 한 가지 중요한 사실은 충분히 빨리 용서하지 않아도 된다는 것이다. 어떻게 용서할까를 생각하기 이전에 충분히 나의 마음과 마주하고, 만나주길 바란다. 그때 그 일에서 무너지지 않을 만큼 충분히 강해지는 시간을 갖는 것이 먼저다.

Q. 용서했다고 말하면서도 아직도 나에게 상처 주고 고통을

준 누군가가 있나요? 내가 상처받고 고통을 준 상대방에게 찾아가서 이야기할 생각만 해도 화가 난다면 아직 그때가 아닙니다. 그때 머물러 자신을 마주하는 시간을 충분히 가질 필요가 있습니다.

내가 용서하는 것은

'만나면 내가 죽일 거야' 저런 연쇄 성폭행범들은 평생 교도소에서 썩어야 해 '교도소도 아깝다 그냥 죽여야 해' 이런 마음이 가득하였다. 그 새벽의 그 일만 아니었다면 나는 어땠을까? 라는 생각한 적도 많았다. 그러다 문득 그 일이 없었다고 생각하고 하루를 적고, 하루를 살아 내보니 오히려 잃을 게 더 많았다는 사실을 발견했다. 그 일이 없었더라면 나는 매년 건강검진을 하며 몸을 돌보지 않았을 것이다. 그리고 경계성 종양을 발견하지 못하고 암으로 발견되었을 수도 있다. 덕분에 2019년에 다시 여러 개의 섬유 선종을 발견할 수 있었고, 그중에 비정형 유관증식이라는 병명으로 진행된 종양도 발견할 수 있었다. 간단한 시술 이후에 지금까지도 6개월마다 추적하며 검진하고 몸을 잘 관리하고 있다는 것만으로도 그 일은 더 이상 생기지 말았어야 하는 일이 아니다. 오히려 묻지마폭행이 나를 나로 더 살게 만들어준 기회였다. 그래서 용서하거나 용서하지 않거나가 이제는 나에게 큰 의미가 되지 않았다. 그저 묻지마 폭행은 누굴 용서하고 하지 않고의 문제가 아니라 그 사건이 나에게 생겼던 것뿐이다. 누구에게도 걸릴 수 있는 지독한 독감 같은 것 같았다. 독감을 앓고 많이 아프고 나니 오히려 나의 하루하루가 새롭고 소중하게 다가왔다. 묻지마 폭행의 가해자를 용서하고 이해하는 건 아니다. 나의 용서할 대상이 바뀌었다. 그날의 폭행이 이제는 나를 힘들게 하거나, 어렵게 하지 않다는 것이다. 난 그 날의 폭행을 용서했다. 그렇게 용서를 시작했다.

당신의 미소에는 햇빛이 있다

내가 무너질 때 동기부여가 되는 것이 무엇일까? 나의 동기는 무엇일까를 생각했을 때 "즐거움"을 빼고는 말할 수 없을 것 같다. 나의 지금까지의 삶을 돌아보면 즐겁고 신나는 일이라고 선택하고, 결정하는 순간! 어떠한 환경에서도, 상황에서도 그 어떤 것도 즐거운 일이 되곤 한다. 즐겁고 자유롭고 싶은 나의 최상의 욕구는 나 스스로 어렵고 부담되고 힘든 순간에도 즐겁고 자유로울 수 있는 관점으로 바꿔서 다시 생각하곤 한다. 누군가는 어떻게 그 자리에서 당당하게 이야기 할 수 있어? 라고 할 때도 나는 그 순간 그곳에서 내가 찾을 수 있는 최고의 즐거움을 찾아

본다. 그 즐거움이 100% 성취, 만족일 때도 있지만, 때로는 내가 그곳에서 누군가에게 웃음을 줄 수 있다면? 그것도 즐거운 일이 된다. 즐거움은 참 소소하게 찾는 것 같다. 때로는 5년 뒤 나를 온 종일 적어보고 상상해보고, 떠올려보기도 한다. 그러면 괜히 입꼬리가 올라가고 신나진다. 그런 생각들이 나의 즐거움을 채워주면 그냥 그 자리에서 다시 살아가 진다. 사실 상황이나 환경은 바뀌지 않는다. 아무리 애써도 바뀌지 않을 때가 참 많다. 그 순간! 나는 엉뚱한 상상을 하곤 한다. 갑자기 하늘에서 200억이 나에게 떨어진다면? 나는 무엇을 할까? 를 생각하며 하고 싶은 걸 다 적어본다. 적고 나면 나의 삶의 가치가 보이기 시작하고, 내가 사는 이유가 나타난다. 나의 삶의 이유와 사명이 보인다. 그러면 거기서부터 다시 일어난다. 그럼 난 이렇게 살기 위해 내가 할 수 있는 작은 행동 한가지는 뭔지를 생각하며, 작지만 그 행동을 하나씩 하면서 즐거움의 에너지를 하나씩 채워가는 것 같다. 예상치 못하게 내가 통제하지 못하는 상황들이 참 많다. 그 순간도 한 번 크게 웃고 나면~ 아무것도 아닌 일이 된다. 왜 이걸 못했지? 진짜 웃긴다. 하하하하하 왜 하지 않았지? 왜 기억이 안 났지? 웬일이야 이러면서 하하하하하 웃고 나면 뭐랄까 뭐라도 시작할 수 있는 여유와 에너지가 생긴다. 음. 도파민의 노예인가⋯⋯? 아무럼! 나는 선택한다. 즐겁고 기뻐하기로! 그러면 무너졌다 할지라도 삶이란 이런거지라고 받아드리게 되는 것 같다. 인정하는 것! 일어설 힘이다. 난 그래서 오늘 하하하하하 웃어보며 미뤄둔 일을 시작했다. 하고 싶은 게 너무 많다. 즐거울 게 세상에 너무 많다. 그 생각만 하면 무너졌을 때를 상상하고, 그럴 땐 나 혼자 대패삼겹살 구워 먹을 생각을 하고, 호캉스를 갈까를 생각하고 그럴 때 내가 하고 싶은 것을 미리 떠올려보며 그 순간이 오기를 기다려보기도 한다.

그래서 신랑이 심장마비 이후 회복의 시간을 가질 때도! 나는 그동안 배웠던 것의 5배는 새롭게 배우면서 하루하루를 살았다. 그렇게 살아냈다.

즐거움의 힘! 나에겐 어떤 동기부여보다 가장 강력한 에너지다!

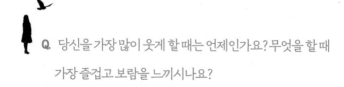

Q. 당신을 가장 많이 웃게 할 때는 언제인가요? 무엇을 할 때 가장 즐겁고 보람을 느끼시나요?

위기관리의 핵심은 온전함의 인식이다

우리가 살아가면서 후회하지 않을 때가 얼마나 있을까? 어떤 선택을 하고 후회하지 않는 편으로 선택을 한다고 해도 늘 아쉬움이 남기 마련이다. 내 삶이 후회되고 마음이 아프고, 내가 왜 그랬을까? 라고 자책할 때가 있다. '도대체 왜 그랬을까? 나는 정말 최악이야'라고 생각할 때가 있다. 누구나 가지고 있는 그때, 그 선택 앞에 왜 그랬느냐고 나를 탓하기 전에 그 상황을 한 번 더 생각해보자. 그냥 몰랐을 뿐이다. 일부러 그 선택을 한 것이 아니다. 알면서 그 선택을 한 것이 아니다. 누가 그렇게 될 줄 알고 그 선택을 했을까? 누가 묻지마폭행을 당할 줄 알고, 그 시간에 애써서 집으로 돌아왔을까? 그것이 아니다. 몰랐을 뿐이다. 그것을 알아줘라. 그때 나의 의식의 상태로 최선을 선택한 것이다. 그저 지금은 아쉬울 뿐이지만. 후회는 아니다. 후회는 신경질적인 반응으로 나올 수 있다. 후회가 아닌 지나고 나면 아쉬운 선택이라고 여겨야 한다. 그때는 이것을 몰랐네 라고 자신과 대화하는 것이 위기관리의 시작이다.

그럴 때 오늘의 온전함으로 마주할 수 있다. 나의 부정적인 경험과 어려웠던 일, 선택한 일에 대한 후회들과 지금의 나와 동일하게 여기지 않아도 된다. 그때의 나와 지금의 나를 분리해서 만나야 한다. 살아가면서 생기는 모든 일, 모든 경험, 모든 사건은 동전의 양면처럼 반드시 긍정적인 면과 부정적인 면이 있다. 분명 그 일을 통한 긍정적인 면을 찾게 되면 그동안 마음에 상처를 입고 아파하고 고통스러워하고 나의 또 다른 가능성과 잠재력을 잃어버린 채 살아온 삶을 회복하고 새로운 가능성의 삶을 향해 달려갈 수 있는 강한 힘을 얻게 된다.

"주님, 좋은 뜻을 지니고 있는 사람들만 기억하지 마시고, 악의를 품고 있는 사람들도 기억하소서. 하지만 그들이 저희에게 준 고통만을 기억하지 마시고, 그 고통으로 인해 저희들이 얻게 된 열매인 저희들의 우정과 충성심, 겸손함과 용기, 관대함 그리고 이 모든 고통을 통해 성장한 저희들 마음의 위대함도 생각하소서. 그리하여 마지막 심판 날에 저희가 맺은 이 모든 열매들이 저희에게 고통을 준 그 사람들을 위한 용서의 제물이 되게 하소서."

2차 세계 대전 당시 9만 2천 명의 어린이와 여성이 죽은 라벤스부르크 처형장에서 발견되었다는 기도문이다. 어떻게 이렇게 기도할 수 있었을까? 나의 상처와 고통의 경험을 잊으라는 것이 아니다. 언젠가 완성될 나의 인생의 작품은 크고 작은 경험들이 모여서 만들어지는 것이다. 분명한 것은 상처와 고통의 경험도 나에게는 살아가는 강한 힘이 될 수 있다는 것이다. 라벤스부르크 처형장에서 발견된 기도문에서도 위대한 열매를 발견할 수 있다. 바로 상처와 고통을 뛰어넘어 맺어진 우정, 충성심, 겸손함, 용기, 관대함 그리고 모든 고통을 통해 성장한 마음이다. 이러한 열매가 우리의 삶에도 맺혀질 것이다. 그 열매가 어떤 열매일지 오늘 당장 모를 수도 있겠지만 없는 것이 아님을 믿어보자.

Q. 과거의 실패, 상처, 어려움, 고통이 오히려 나에게 도움이

된 경우는 언제인가요?

위기로 망가지든지, 강해지든지

나는 신에게 힘을 달라고 했다.

그러나, 신은 나를 강하게 만들 어려움을 주었다.

나는 신에게 지혜를 달라고 했다.

그러나, 신은 해결 방법을 깨우쳐야 할 문제를 주었다.

나는 신에게 번영을 달라고 했다.

그러나, 신은 내가 도와야 할 사람들을 주었다.

나는 신에게 은혜를 달라고 했다.
그러나, 신은 나에게 기회를 주었다.

나는 내가 원한 아무것도 받지 못했다.
나는 내가 필요한 모든 것을 받았다.

- 원작 : 하즈라트 이나야트칸(Hazrat Inayat Khan) 편역 : 최강석

이 시를 보면서 참 많은 생각을 했다. 내가 원한 것과 내가
필요한 것에의 차이는 무엇일까? 누구에게도 일어날 수 있는 일
이 그저 나에게 일어났을 뿐이다. 그리고 그 일을 어떻게 바라보
고, 반응하느냐에 따라서 삶의 질이 달라진다. 내가 원하는 것이
나에게 어쩌면 나에게 지금 당장 필요한 것이 아닐 수 있다. 지금
나에게 일어난 그 일이 나는 원하진 않았지만, 그 일을 통해 분명
내가 성장하고, 맺어가야 할 열매의 양분이 될 수 있다는 것이다.
누구나 다 어려움을 달라고 기도하지 않는다. 이런 이야기를 들
어봤다. 한 청년에게 신이 말했다. "이 바위를 밀어보아라" 그래
서 청년은 열심히 하루 이틀 삼일. 한 달. 두 달 열심히 바위를 밀

어냈다. 그러다 자꾸만 밀어도 움직이지 않는 바위를 보며 바위를 밀라고 한 신이 원망스러워졌다. "도대체 나에게 왜 바위를 밀라고 하셨어요! 움직이지도 않고 더 못하겠어요!"라고 원망을 하자 신은 이렇게 말했다. "내가 너에게 바위를 밀라고 했지 움직이라고 하지 않았다. 지금 너의 몸 상태를 봐보렴."

비실비실한 청년은 어느새 근육질의 몸을 가진 몸으로 변화되어 있었다. 문제는 바로 이런 것이다. 우리를 성장시켜준다. 문제가 없는 사람은 없다. 문제에는 힘이 있다. 문제가 있다는 것은 살아있다는 증거이다. 그래서 문제를 온전함으로 인식하는 것 자체가 긍정적일 수 있다. 나는 내가 믿는 하나님께 기도한다. "하나님, 이것만 해결해주세요. 이것만 없애주세요. 이것만 변화시켜주세요." 과연 이 기도의 응답은 언제나 Yes일까? 아니다. 진짜 문제는 이것만 없으면 저 행복할 것 같아요. 이것만 해결되면 좀 살 것 같다고 여기며 문제가 없어야 한다고 생각하는 것이 가장 큰 문제다. 내가 겪은 고통, 상처가 사라질 수 있을까? 없다. 그 고통과 상처를 통해 내 생각과 마음을 성숙하게 하고, 다른 사람들에게 도움을 줄지를 생각해봐야 한다. 문제없는 세상은 없다. 위기 없는 세상도 없고, 상처와 아픔이 없는 세상도 없다. 그저 내가 살아가는 한, 문제는 생길 수 있고, 위기는 언제든 만날 수 있다. 그럴 때 우리는 선택할 수 있다. 위기로 망가지든지 또는 강인해지든지 선택하면 된다. 위기를 바라보는 나의 시선이 어디에 있느냐에 따라 위기의 모습은 완전히 달라질 수 있다.

아픔과 고통이 왔을 때, 문제를 만나고 위기가 올 때 적응하지 않고 피하거나, 그대로 반사행동을 하며 감정적으로 대처하거나, 그 자리에 멈춰버린다면 문제와 위기는 그저 문제이고 위기로 남아 나를 괴롭힐 것이다. 아니면 아픔과 고통, 문제, 위기가 왔을 때, 적응하고 받아들이고 긍정적인 관점으로 바라보며 반응을 선택할 수 있다. 그럴 때 비로소 내가 나를 조절할 수 있게 된다. 수년 전에 있었던 일이고, 다시는 경험하고 싶지 않은 일도 지금 돌아보면 지금의 나를 있게 해준 고마운 일이 될 수 있다. 비록 내가 선택한 상황과 사건은 아닐지라도 그 일을 통해 단 하나의 성장이 있었을지라도 그것에는 유익이 반드시 있다. 고난이 주는 유익이 있다. 몇 년 전 '별에서 온 그대'라는 드라마를 굉장히 재미있게 본 적이 있다. 그때 기억나는 장면은 여자주인공에게 위기상황이 생겼을 때 친구인 줄 알았던 친구의 태도에서 여자주인공이 이렇게 이야기했다. "문제가 생기고 위기가 생겨서 다 안 좋은 줄만 알았는데 이번 일을 통해서 한가지 얻는 게 있어. 그것은 진짜 친구가 누구인지 알게 되었다는 거야." 위기와 고난이 주는 유익은 내가 강해질 수 있는 첫걸음이다. 그리고 그 한 번의 경험이 앞으로도 마주하게 될지도 모를 다양한 위기와 고난에 대해 미리 예방주사를 맞은 것처럼 면역력을 얻는 순간이 된다.

위기상황이 올 땐 일단 생각을 멈추고, 심호흡하고 정말 이 위기가 나의 생명을 위협하는 일인지를 살펴보고 그게 아니라면 So What을 외치며 어떻게 대처할 수 있는지를 찾아보자. 그리고 언제나 그 선택은 자신의 최선이었음을 받아드리길 바란다.

Q. 지금까지 살아오면서 힘든 상황이 있었다면 어떤 것이 있었나요? 그때 기분은 어떠했나요? 그 힘든 상황을 통해서 배우거나 깨닫거나 성장한 점이 있다면 어떤 게 있을까요?

참지 말고 존중하라

누군가의 아픔을 누가 감히 괜찮다 할 수 있을까? 괜찮다고 말할 수 있는 것은 나뿐이다. "그만하면 되지 않아?", "너보다 더 큰 일을 겪은 사람도 많아", "너는 아무것도 아니야"라고 누가 나에게 말할 수 있을까? 나는 아무 일도 아닌 게 아니다. 누가 판단할 수 있을까? 누구도 판단할 수 없다. 그 아픔과 상처는 오롯이 나밖에 모른다. 바늘에 찔려서 아픈 상처도 아프고, 칼에 베여서 다친 상처도 아프다는 사실이다. 아픔과 상처는 참는 것이 아니라 존중하는 것이다. 한계를 존중하고, 생각을 존중하고, 살아온 삶의 스타일을 존중해 줄 때 비로소 진짜 아픔과 상처, 고통을 마주할 수 있게 된다. 존중은 영어단어로 Respect다. Respect의 어원은 re (다시) + spect (보다) = 다시 보다 이다. 다시 본다는 의미는 무엇일까? 누군가를 다시 보게 될 때는 생각해보면 쉽다. 뭔가 특별할 때 뒤돌아보게 된다거나 다시 살펴보게 되는 것이다. 그리고 비슷한 Respective라는 단어가 있는데 개별적인 대상들 하나하나를 각각 보고 또 본다는 뜻에서 '각각의'라는 뜻을 가진 단어이다. 전혀 상관없는 뜻이지만 단어의 속뜻 안에는 모두 다시 본다는 의미가 담겨있다. 브라이언트 맥길은 이렇게 말했다. 상대의 말을 경청하는 것이 가장 진정한 형태의 존중 중 하나이다고 말이다. 존중은 다른 사람의 말을 경청하거나 인정함으로써 다른 사람을 진정으로 대하는 것이다. 진정으로 대한다는 것은 어떤 것일까? 존중은 존재 자체에 대한 것이다. 행동의 결과에 대한 것이 아니다. 어떤 사건과 위기와 문제의 결과보다 그 일이 얼마나 유익을 주었느냐보다 먼저인 것이 존중이다. 존중은 기다려주는 것이다. 경청하는 것이다. 다시 보고 또 보는 것이다. 그저 상대의 말을 듣기만 하는 것이 아니라 상대방이 전달하고자 하는 말의 내용뿐만 아니라 그 내면에 깔려있는 진짜 마음에 귀를 기울여 듣고 이해하는 것이다. 그렇다면 누가 들어줘야 할까? 바로 나 자신이다. 나 자신이 먼저 자신의 이야기를 들어줘야 한다. 잘 모르겠다면 기다려주면 된다.

그것이 나 자신을 특별하게 여기는 가장 쉬운 방법이다. 자기 자신이 받아들여 지고, 존중받는다고 느낄 때 즐겁고 삶의 에너지가 충분해질 수 있다. 그럴 때 비로소 나의 진짜 이야기를 할 수 있게 된다. 나 자신을 조금 더 믿어도 된다. 자기 자신을 스스로 존중해줘야 한다. 누군가가 자신의 한계를 그대로 수용해주고, 아픔을 이해해주고, 어떠함도 존중해준다면 어떤 기분일까? 다른 사람에게 존중받기 이전에 나 자신을 먼저 존중하다 보면 나는 내가 생각했던 것만큼 잘못한 사람도 아니고, 크게 망한 사람도 아니라는 것을 알게 된다. 때론 낙심하고 절망스러운 순간도 있겠지만, 나는 지금까지 그럼에도 잘 살아왔고 오늘을 살아온 것만으로도 충분함에 말해주길 바란다.

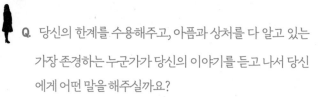

Q. 당신의 한계를 수용해주고, 아픔과 상처를 다 알고 있는 가장 존경하는 누군가가 당신의 이야기를 듣고 나서 당신에게 어떤 말을 해주실까요?

그 이야기가 바로 당신 자신에게 들려줘야 할 한마디가 될 것입니다.

진정한 공감이란?

누구나 다 삶의 이유가 있다. 공감이라는 것은 무엇일까? 마음이 죽어가는 사람을 살리는 한 마디에 힘을 가진 것이 바로 공감이다. 사실 우리가 하는 말로만 하는 공감, 감정적인 리액션은 공감이라고 하기엔 본능적인 반응에 가깝다. 공감은 내가 저 사람의 마음을 알 때, 이해가 될 때야 비로소 진짜 공감을 할 수 있다. 그저 누군가의 그냥, 별일 없어, 괜찮아 의 말에도 전혀 그렇지 않을 가능성이 크다. 우리는 늘 누군가를 배려하느라고 나 자신을 가장 배려하지 못하고 함부로 대하며 살아온 삶이었을 수 있다. 더 많은 사람을 위해서라면 나 하나 정도는 희생해도 된다고 생각하고 자라온 세대일 수 있고, 그것을 강요받으며 살아왔을 수도 있다. 이처럼 다른 사람들을 위한 삶을 살아온 사람들의 나는 괜찮다는 말이 정말 괜찮은 걸까? 그렇지 않다는 것쯤은 모두가 안다.

"나 회사 그만두고, 1년 동안 여행 다니고 싶어"라고 말하는 남편에게 무엇이라고 이야기해줄 수 있을까? "왜? 무슨 일인데?"라고 묻겠죠. "아니, 그냥 그래 보면 어떨까 하고"라고 대답한 남편을 향해 보통은 어떤 반응을 하게 될까?

"아니 그럼 당장 생활비는? 애들 학비는? 혹시 다른 계획이라도 있어? 어쩌려고 그래?"라는 말이 나올 수밖에 없는 게 현실이다. 물론 걱정하지 말아라. 남편을 믿어달라고 이야기하는 게 아니라 공감에 대해서 이야기해 보려고 한다. 사실은 별거 없어, 그냥이라는 말로 한 가정의 가장이 쉽게 내릴 결정이 아니라는 것쯤은 누구나 다 알 수 있다. 단순히 감정적인 리액션을 하기 전에 걱정과 염려와 위기를 문제로 끄집어 오기 전에 "별거 없었던 게 아닌 것 같아. 우리 가정을 위해 늘 최선을 다하는 당신이 그냥 그만두지 않을 것 같은데 무슨 일 있었어?"라고 한 번 더 남편의 마음을 물어봐 주는 것이 이해의 시작이고 진짜 공감의 길이다.

공감은 상대방도 편안해지고 나도 편안해지는 과정이어야 한다. 단순히 내가 그냥 이해하고 참아야지, 어쩌겠어. 그냥 내버려 둬야지가 아니라 왜 그런 결정을 하게 되었는지가 이해가 될 때까지, 그의 선택이 납득이 될 때까지 물어봐 줘야 한다. 여러 다양한 행동에는 반드시 그 이유가 있기 때문이다. 그러고 나서 남편이 어떻게 해야 해! 가 아니라 나는 무엇을 할 수 있을까를 생각하는 것이 먼저다. 진짜 공감은 우리로 하여금 세상을 새로운 눈으로 바라보게 하고 앞으로 나아가는 힘을 준다. 그래서 진짜 공감으로 서로의 마음과 마음이 연결되기만 해도 나 자신을 무기력하게 만드는 심리적인 고통을 극복할 수 있다.

당신의 하루는 안녕한가요?

기준을 뛰어넘어야만 성취라고 여겼다.

성취라는 단어가 주는 매력은 어마어마하다. 통통 튀는 탱탱볼 같기도 하고, 손에 쥐면 손에서 반짝반짝 빛나는 미러볼 같기도 하고, 아주 향기로운 꽃다발 같기도 하다. 어떤 모양을 먹든 달콤한 초콜릿 같기도 하고, 불꽃 같기도 하다가 음악에 맞춰서 움직이는 분수 같기도 하고, 나의 손가락을 빛나게 해주는 반지 같기도 하고, 왠지 설레는 향기 같기도 하다. 그래서 때로는 너무 멀어서 잡을 수 없었고, 반짝반짝 빛나다가도 꺼지고 나면 허무하기도 하고 설레는 향기가 사라지면 그 아쉬움에 허무할 때도 있다. 지난날, 성취는 나에게 그런 느낌이었다. 대단한 어떤 일을, 또는 어떤 것을 완벽하게 했을 때! 체크리스트에서 체크가 돼서 완료! 라고 말하는 것이 성취다. 그렇기에 그 완벽을 쫓다 보니 성취했다고 말했던 순간이 별로 없다. 통과 기준이 50점이라면, 나의 기준은 100점이었던 거라서 언제나 만족함은 없었다. 그래서 치열하게 90점이 되었는데도 나는 그것이 성취했다고 말하지 않고 실패했다고 이야기하는 삶이었다. 책을 읽어도 일주일에 2권 읽기를 정해놓고! 3권을 읽었을 때야 오~ 이번 주 열심히 살았구나 했다. 그렇게 늘 무언가를 이루고, 무언가를 하고, 늘 도전하고, 늘 기준을 세우고 이루는 것을 성취라고 여겼던 나날들이 늘 치열하고 버거운 삶은 아녔다. 하나하나 이뤄가는 것이 얼마나 즐겁고 행복한 일인지 순간마다 즐겁다 여기진 못하지만, 이루고 나면 정말 삶이 재미있겠다고 정리하게 되는 것에 행복을 찾았다.

무사히 오늘을 살아내는 것도 성취다

그런 내가 성취의 삶이 완전히 다르게 다가오기 시작했다. 육아가 시작되면서, 사직하게 되었다. 경력이 단절되면서, 나는 할 수 있는 게 아무것도 없다라 여기며, 엄마의 삶마저도 아무것도 아닌 삶이라 여기는 캄캄한 마음이 되기도 했다. 그러다 문득, 하루하루 주어진 삶에 내가 할 수 있는 부분들을 해 나가는 것. 비록 그것이 성과를 내고, 굉장한 목표를 이루는 것은 아니었지만 꼬물거리는 아이들을 케어하고, 집안일을 하고, 아이들과 함께 웃고, 웃기도 하는 것도 성취임에 감격이 되기 시작했다. 정말 아무것도 하지 않아도 그저 하루를 무사히 보내는 것만으로도 잘 살았다고 말하고 있는 나를 발견하는 것도 새로운 성취였다. 불편하고, 억울하고, 화가 나는 감정으로부터도 자유로울 수 있는 것도 성취가 되었다.

성취가 별건가?

늘 아등바등, 치열하게, 죽을 것처럼 살지 않아도 된다. 성취가 별건가? 주어진 오늘 하루, 내가 할 수 있는 것만큼! 내가 누릴 수 있는 것만큼! 감사를 찾을 수만 있다면 그것이 최고의 성취를 이룬 성공적인 오늘이 되는 게 아닐까? 오늘도 참 잘 살았다.라고 말해주자. 살아갈 이유 같은 건 없다. 그저 살아가다 보면 살아온 이유를 발견하게 된다. 그거면 된다.

Q. 오늘 하루 당신의 하루를 기록해보세요. 아주 세세하게 아침에 일어나서 잠들기까지 무엇을 했는지를 보면 아주 많은 일을 했다는 것을 발견하게 됩니다. 오늘도 정말 잘 살아오셨습니다.

part 4

나와
소중한 가족을 지키는
위기관리 열쇠

용기

'이 문제만 해결되면 좋겠다. 이것만 있으면 살 것 같다.' 등등 이런 마음으로 하루하루를 살아가고 있을지도 모른다. 모든 사람들에게는 표면적인 문제가 있을 수 있다. 나도 늘 크든 작든 문제들이 있다. '이번 달 생활비는 어떻게 아껴야하지? 아이들 속옷이랑, 옷도 이제 다 다시 사줘야 할 정도로 아이들이 컸는데…', '애들을 어디에 맡기지?' 다이어트는 언제 성공할까.' 등등과 문제들은 결코 나의 목숨을 위협하지 않는다는 사실은 너무나도 잘 알고 있다. 우리에게는 1차 스트레스와 2차 스트레스가 있다. 1차 스트레스는 정말 죽을 것 같아서 생명의 위협이 느껴질 만큼의 스트레스다. 삶과 생명의 기로가 1차 스트레스다. 2차 스트레스는 선택적 스트레스이다. 한마디로 품위 유지할 수 있는 스트레스라고 보면 쉽다. 먹는 것, 입는 것, 사는 것, 관계 등등의 문제는 2차 스트레스에 해당된다. 어쩌면 죽을 것 같은 스트레스보단 내가 선택하는 스트레스에 더 큰 무게를 두고 마치 그것만 해결되면 훨씬 나은 삶, 행복한 삶이 될 것이라 여기며, 사소한 문제들 앞에 에너지를 쏟을 때가 있다. 그러다보니 결국 더 크고 무서운 문제를 피한다. 사실 나는 다이어트가 문제가 아니다. 살을 빼면 내가 원하고 꿈꾸는 삶의 모습을 살아질까? 아니다. 다이어트로 포장된 더 깊은 내면의 문제는 바로 다른 사람들에게 인정받고 싶어하고, 내 기준으로 예뻐야 사랑받을 거라고 생각하며 지금의 나를 사랑하지 않는 것이 진짜 나의 문제인 것이다. 그저 다이어트로 인해 생긴 변화가 목적이라면 그것은 지극히 일시적이다. 결국 여전히 인정받고, 사랑받기 위해 또 다른 문제를 찾을 것이다. 우리의 삶에 진정한 목표는 문제 해결이 아니다. 그 원인을 마주하는 것이다. 그것이 변화의 시작이다.

그러기 위해서는 에너지가 넘쳐야한다. 하지만 에너지가 항상 넘치진 않는다. 지칠 수도 있고, 슬플 수도 있다. 그런 감정은 어쩔 수 없다. 하지만 감정과 상관없이 나는 기뻐하기로, 감사하기로 선택할 수 있다. 2021년 1월에 쓴 일기를 보니 나는 선택적 거지로 살겠다!!로 써 있었다. 재정적 어려움 앞에 늘 힘들다고, 어렵다고, 답답하다고 했다가. 선택적 거지가 되고 나서는 마음에 자유가 찾아왔다. 그러면서 나는 선한 부자로 태어났다!!를 외치기 시작했다. 선한 부자로 태어난 나는 선한 부자로 살기로 선택했다.

당신은 무엇을 선택하시겠습니까? 우리는 뭐든지 선택 할 수 있습니다.

머리가 아니라 영혼이 시키는대로 표현하라고 토니 로빈스 코치가 이야기한 것이 생각이 났다. 인생은 흑과 백처럼 단순하지 않다. 수 많은 생각과 고민과 문제들 앞에, 진정으로 변하고 싶은 진짜 문제를 찾고, 마주해야겠다. 그리고 선택하자. 모든 일은 나를 힘들게 하고, 어렵게 하고 망치려고 던져버린 것이 아니라 나를 위해 펼쳐진! 디자인된! 일임에 감사하자.

내가 뭐든지 할 수 있는 이유는 나의 진짜 문제를 정면으로

마주할 힘이 생겼기 때문이다. 실패를 마주할 용기를 내자. 문제
와 위기가 왔을 때 마주 할 용기를 내자.

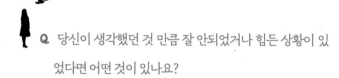

Q. 당신이 생각했던 것 만큼 잘 안되었거나 힘든 상황이 있
었다면 어떤 것이 있나요?

Q. 처음에는 실패인 줄 알았는데 나중에 오히려 유익이 되
었던 경험이 있다면 어떤 것이 있나요?

잃어버린 여유를 찾기 충분한 시간, 하루 7분

"도대체 내 마음의 여유는 언제 생기는 걸까요?"

"언제쯤 제 시간이 생기는 걸까요?"

"나만의 시간을 보내고 싶어요."

"내가 여유로우면 좋겠어. 지금은 그럴 시간이 없어."

내가 지금까지 수 없이 했던 질문이기도 하고, 수 없이 들어왔던 질문이기도 하다.

과연 이런 여유는 육아맘들, 워킹맘들에게만 해당될까? 사회생활에 지친 직장인들에게도, 공부하는 수험생들에게도 여유는 반드시 필요하다. 나에게 여유는 무엇일까?

아무것도 하지 않고 숨만 쉴 수 있을 때, 어떠한 소리도 안들리는 무소음의 상태에서 내가 원하는 때에 일어나고, 내가 원하는 때에 자고, 먹고 할 때 등과 같은 시간을 원하는건 무엇을 위함일까?

아이들 학교, 어린이집을 보내고 폭풍 같은 집안일을 끝내고 잠시 한 숨 돌리며 마시는 믹스커피 한 잔의 여유는 그 어떤 것과도 바꿀 수 없는 나만의 시간이 될 수 있다. 학교 수업 시간과 수업 시간 사이의 쉬는 시간, 그 사이에 화장실 한 번 다녀오고, 거울 한 번 봤던 시간도 여유일 수 있다. 숨 돌릴 틈이 없이 프로젝트 폭풍회의 중에 누군가의 전화로 인해 우리 잠시 쉬었다 갈까요? 라는 제안이 온다. 그 순간 잠시 창 밖을 통해 보게 된 하늘을 문득 한 참을 보게 되는 것도 여유의 모습일 수 있다. 어쩌면 삶의 진짜 여유는 한 숨, 한 잔. 한 번, 잠시등과 같다. 잠깐동안의 시간과 시간의 사이, 마음과 마음의 사이의 틈 하나가 여유를 만들어 준다.

물을 얼릴 때 조금 덜 채워야 물통이 깨지지 않고 언다는 건다 알고 있다. 여유가 만들어 주는 삶의 질은 이렇게 달라진다.

내 인생의 선택의 주체인 엄마인 나로서 선택하면 된다. 그래서 나는 하루7분의 여유를 나에게 주기로 선택했다. 그 첫 번째가 바로 오일파스텔이라는 미술재료를 가지고 꽃을 그려나가는 것이었다. 마음의 여유를 위해 선택한 오일파스텔의 매력은 무엇일까를 생각해봤다. 꾸덕꾸덕한 질감도 참 좋고 일반 파스텔을 사용했을 때보다 느껴지는 묵직함도 좋다. 일반 파스텔은 가루가 날렸던 기억이 난다. 어린 시절 그래도 미술 시간을 좋아했던 나로서는 재료가 새롭진 않았지만 크레스파스랑 파스텔의 중간 그쯤의 느낌으로 만난 오일파스텔에 빠지게 되는건 시간문제였다. '처음 배우는 오일파스텔'이라는 책을 보고 시작했다. 따라 그리는 것. 처음엔 하루 7분이 이렇게도 길었나 싶었다. 보고 그리는 거고, 처음 그려보는 거라 익숙하지 않음에서 오는 신선함은 정말 나의 몰입도를 최고로 높여주었다. 그리다 보면 10분이 넘기도 하고, 어떤 것은 그리다가 멈추고, 다음 날에 이어서 그릴 때도 있었다. 처음부터 무리하지 않기로 마음먹고 시작한 거라 그런지 멈춤에도 내일에 대한 기대가 묻어났다. 여유는 찾는 것이 아니라 만들어간다는 누군가의 말이 가슴에 콕 박히는 순간이되었다. 여유가 없는 삶이라고 지치고, 힘들고, 불평과 불만이 쌓여갈 때, 그 순간! 잠시 하루 7분의 여유를 만들 수만 있다면 그 하루의 마음의 여유는 70분, 700분 이상의 여유로 가득수 있다. 그리고 하나씩 완성되는 그림을 보면서도 나도 뭔가를 했다라는 성취감이 쌓이다 보면 무너진 삶의 자존감, 에너지도 차츰차츰 채워지리라 확신한다. 하루 7분의 시간이 주어진다면 당신은 무엇을 하실 것입니까? 무엇을 해야 할 지 모르겠다면, 읽어봐야지 했던 책 한 권 꺼내 5줄만 읽어보길 바란다. 연필 하나, 노트 한 권 펴서 지금 내 얼굴을 생각하고 한 번 그려보던지 또는 한 줄이라도 써보라. 그것이 또 다른 하루 7분의 여유를 만들어 줄 것이다. 내가 정말 하고 싶은 그 일!! 하루 1분부터 시작해보길 바란다. 당장 멋진 결과물이 나오진 않겠지만 하루 1분이, 5분이, 7분이 쌓이다 보면 한 달 뒤엔, 3개월 뒤엔 그리고 1년 뒤엔 얼마나 많은 나의 여유가 모여서 아름다운 작품을 만들어 낼지 상상만 해도 좋다. 하루 7분, 당신의 시간을 응원합니다.

Q. 24시간이 지나가기 전에 시도해 보고 싶은 것이 있다면 어떤 것이 있나요?

작은 행동 한 가지라도 좋습니다. 길 가다 사진 한 장 찍는 것부터 시작하셔도 되요. 책 한 줄 읽는 것도 좋습니다. 그 한 장, 한 줄이 당신의 아름다운 작품을 만들어갑니다.

당신은 누구입니까?

이런 질문 앞에 나는 늘 망설였다. 망설일 필요는 없었는데 무엇을 말해야할지, 나의 뭐가 궁금한거지? 나는 누구지? 나는 지금 누구라고 말해야하지?라는 끝없는 생각의 질문들로 나에게 가장 어려운 질문이였다.

"글쎄요··· 저는 누구일까요."

이런 나의 대답에 상대방은 당황했을 것 같다. 그냥 엄마라고 해도 괜찮았을 텐데 왜 구구절절 설명하고 싶었는지 모른다.

엄마의 삶이 나에게는 정말 어려웠던 일이였다. 어느 것 하나 엄마라면 이렇게 해야한다는 것에 완벽하게 따르지 못했기에 엄마 자격이 없다고 느꼈다. 50권이 넘는 육아서, 양육서, 다양한 전문가들의 책들을 읽어도 나는 절대 따라갈 수 없었다. 난 왜 자꾸 아이들에게 상처를 주지? 왜 난 자꾸 아이들이 귀찮지? 난 왜 나 혼자 살고 싶어하는거지?, 알지만 왜 난 못하는거지? 정말 이런 부정적인 생각의 끝을 매 순간마다 고백처럼 살았다. 내가 만나는 사람들에게는 삶의 변화와 소망을 위해 애쓰고, 달려오고, 동기부여해 온 내가 왜 나 스스로를 그렇게 돌보지 못하고, 동기부여하지 못하고, 힘들다고만 했는지 아이러니했다.

그러던 어느 날 다시 당신은 누구입니까? 라는 질문을 받았을 땐… 정말 눈물이 날 것도 같았다. 나의 삶의 모든 것이 흐려졌다. 명쾌하지 않았다. 뭐라고 대답해야할지는 여전히 몰랐다. 내가 점점 사라진 것만 같았다. 그럼에도 나는 뭔가를 지속적으로 했다. 배우는 것으로 나를 증명해가려는 삶이였다. 살려고 배웠다. 새로운 것을 배우면서 얻는 에너지가 그저 하루를 버티게 했기 때문이다. 살려고 배우기 시작한 자격증은 3년만에 38개가 되었고, 경영학석사로 졸업도 했다. 할 수 있는 것은 많아졌지만,

무엇을 해야할 지는 점점 더 어려워졌다. 도대체 무엇 때문에 이렇게까지 했는지 모른다. 살려고 배우고, 익혔던 자격증들은 나를 나로 증명해주진 못했다. 나는 누구인가? 라는 질문을 받으면 "당신은 지금 무엇을 하고 있나요?" 라는 질문으로 받았다. 엄마의 삶은 누구나 다 하고 있는 당연한 삶이라고 생각해서, 한 번도 엄마라는 삶을 생각하지 못했던 것 같다. 처음이라서 그랬으리라… 그저 나의 일을 많이 사랑했었던 것이라고 여겼다. 하지만 그 일이 나를 증명하거나, 그 일이 내가 아니었다. 나는 나로 내가 사는 삶을 사랑해보려고 한다. 그 첫 번째가 바로 나의 정체성을, 내가 누구인가라는 질문에 엄마라고 당당하게 말해보려고 한다. 그동안 치열하게 살았던 삶의 결론은 나는 엄마다!이다. 엄마가 아닌 순간은 단 한순간도 없을 것 같다. 엄마로 당당하게, 나의 삶을 사랑해보려고 한다. 누군가는 이런 나의 글을 읽으면 엄마면 엄마지, 엄마라는 것을 뭘 이렇게 어렵게 이야기하지?라고 할 수도 있겠지만, 나에게 있어서 엄마입니다.라는 정체성을 갖기까지 참 무던히도 애썼던 그 한 계절의 치열함을 이제야 인정했다는 사실이 놀랍기도 하지만, 나는 그 사실에 감사가 된다.

누구나 한 번 쯤은 들어 봤을 톨스토이의 유명한 세 가지 질문이 있다.

세상에서 가장 중요한 때는 언제인가?

세상에서 가장 중요한 사람은 누구인가?

세상에서 가장 중요한 일은 무엇인가?

가장 중요한 때는 바로 지금, 가장 중요한 사람은 바로 지금 함께 있는 사람, 가장 중요한 일은 함께 있는 그 사람에게 착한 일을 행하는 것이다. _톨스토이[세 가지 질문]

이제는 그 보다 내가 누구인가라는 질문에 답을 천천히 찾아가 보길 바란다. 그리고 나는 왜 그 일을 하는지, 그 일이 나에게 왜 중요한지, 나는 무엇을 위해서 사는지 무조건 실행, 일단 실행을 하기 전에 나만의 Why를 찾아가길 바란다. 그러다 보면 나에게 가장 중요한 때가 언제이고 가장 중요한 사람이 누구이고, 가장 중요한 일이 무엇인지 명확해진다. 내가 누구인지, 내가 무엇을 꿈 꾸는지, 무엇을 필요로 하는지 알게 될 때 우리는 자신감 있게 하루를 살아가게 될 것이다. 때로는 흐려질 때도 있겠지만

그럴 땐 다시 나만의 Why를 기억하며 나의 정체성을 떠올려보
길 바란다.

　나는 엄마로 살기 이전에 국제적인 하나님의 대사로서의 정
체성을 찾았다. 하나님의 자녀로서 국제적인 하나님의 대사로
살기 위해 선택한 것이 선교단체 간사였다. 나를 통해 한 영혼,
한 영혼이 하나님을 알게 되는 것을 보는 것이 얼마나 기쁘고 행
복한지 모른다. 국제적인 하나님의 대사로 살기 위해 선교단체
간사로, 선교사로, 코치로, 엄마라는 옷을 입고 사는 것이다. 어
떤 옷을 입을 지는 달라질 수 있다. 다만 그 옷을 입는 내가 누구
인지를 명확하게 그릴 때 누군가의 말이나 행동에 나의 정체성이
흔들리지 않을 것이다. 내가 누구인지는 내가 정하면 된다. 나의
소신, 기준 삶의 목적대로 내가 정말 열정을 다하고 나의 가치대
로 살고 있는지 돌아봐야한다. 때론 돌아보는 시간이 힘들고 버
겁고, 불편할 수 있다. 그 과정을 빨리 끝내고 빨리 결론을 내지
않아도 된다. 불편할 수 있는 시간이지만 충분히 천천히 찾아가
길 바란다.

　당신은 누구입니까? 라는 질문이 더 이상 가슴 아프지 않길,

슬프지 않길, 속상하지 않길 바란다. 당신은 누구입니까? 그런 당신을 응원합니다.

Q. 최근에 노력해서 성취한 것이 있다면 어떤 것이 있었나요?

Q. 그 때 누가 가장 기뻐했나요? 그 때 당신의 기분은 어떠했나요?

Q. 성취한 비결이 있다면 어떤 것이 있나요?

나 다운게 뭔데?
그건 내가 지금 여기있다는 증거다

드라마나 영화를 보면 꼭 등장하는 대사! 대부분의 주인공이 듣는 말이있다.

"왜 그래? 너 답지 않게 왜 이렇게까지 하는거야?"

그럴 때 대부분의 주인공은 이렇게 다시 묻죠 "나 다운거? 나 다운게 뭔데?"라고 말하며 발끈하죠. 정말 몰라서 묻는 걸까? 아니면 알면서도 자기 자신도 모르는 모습을 아는 것에 대한 발끈하는 걸까? 정말 많은 사람은 나를 알고 싶어한다. 그래서 MBTI, CGRT, 에니어그램, DISC 유형검사, 버크만 등등 한 번쯤을 들어보기도 하고 검사도 받아봤을 것이다. 그래서 '아, 내가 이런 사람이구나'라고 알아가기도 한다. 그리고 누군가가 대신 "당신은 이런 사람이에요"라고 말해주면 "맞아요! 맞아요! 저 그래요"라고 말하면서 굉장한 격려와 위로를 받기도 한다. 나 다운 것을 아는 것과 나 다운 것을 찾는 것이야말로 평생의 과정이라는 건 확실하다. 그 과정이 어렵거나, 힘들거나, 불편한 과정만 있는 것이 아닌 즐겁고 행복한 과정일 수 있다. 때와 장소, 직위, 생활에 따라 나는 여러 모습으로 보여지기에 나 다움을 알아가는 것이야말로 내가 지금 여기, 있구나, 잘 살아가고 있구나 하는 증거가 아닐까?

그래, 넌 그래서 살아있는 거구나

내가 여기, 지금 살아 있다고 느끼는 순간은 참 소소하다. 아침에 눈을 떴는데 그날따라 가뿐하고, 기분 좋은 마음이 들면서 콧노래가 나오면서 '아 나는 살아있구나' 한다. 길을 걷다가 노랗게 물든 은행잎을 보면서 "왠일이야! 언제 이렇게 노랗게 변했지?"하는 순간 '아 내가 오늘을 살아가고 있구나' 한다. 길을 걷다가 나도 모르게 찰칵! 하고 그 찰나를 찍을 때가 있다. 그 때의 그 장면이 나에게 의미가 있었거나, 예뻤거나, 누군가에게 보여주고 싶었을 그 찰각의 순간에 '아, 내가 지금 여기를 살고 있구나' 한다. 소소한 순간순간 살아있음이 감사가 되기도 하지만 때로는 은혜 아니면 살 수가 없음에 은혜로 사는 구나 싶은 순간도 있다. 그렇게 지금을 살고, 오늘을 산다. 내가 가장 편안하고, 즐겁고, 옳다고 생각하는 모습으로 행복하게 살며. 지금 이렇게 마감 시간 몇 분 남겨놓고 글을 쓰고 있는 모습은 사실 나에겐 있을 수 없는 일이지만 아이들을 키우면서 있을 수 없는 일들을 즐겁게 하면서! '아, 내가 살아가고 있구나' 라고 나를 있는 그대로 받아주며 오늘을 살아가보자.

당신의 속도는 지금 몇 km/h인가요?

한가지 일이 생각난다.

"여보!!잠깐만! 너무 빨리 달리는 거 아니예요? 좀 천천히 좀 가줘~."

"나? 천천히 가고 있어~ 40km/h 밖에 안되는데 뭘."

양 쪽 도로변에는 차들이 주차가 되었 있는 그런 2차선 도로에서 나는 40km로 운전하고 있는 신랑에게 좀 천천히 가달라고 부탁했었다. 사고 날 것처럼 무섭게 느껴졌다. 나의 체감 속도는 거의 100km/h였기 때문이다. 하지만 40km/h라는 말을 듣고, 빠르지 않았음을 인지했음에도 나는 여전히 빠르게 느껴진 이유는 내가 운전하고 있지 않았기 때문이었다.

또 하나의 일이 있다.

"여보!!!! 속도 좀 줄여!!!! 150km/h야!! 알고있어?"
"······.!!!!!!"

내 앞에 차가 한 대도 없었던 고속도로에서 나는 나도 모르게 150km/h를 아주 편안하게 느끼며 달리고 있었던 것이다. 옆자리에 탄 신랑이 놀래서 나에게 속도를 줄여달라고 요청했다.

40km/h도 빠르다고 천천히 가달라고 요청하던 나와 150km/h도 빠르게 느끼지 못하고 달리던 나의 모습을 통해 나는 2가지 사실을 발견했다. 누가 운전하느냐에 따라 느끼는 속도는 다르다. 그리고 어디를 달리느냐에 따라 느끼는 속도는 다르다. 이 두가지 상황에서 더 중요한 것은 누가 운전하느냐일 것이다

나의 삶에 운전대를 누가 잡고있는가? 나인가? 다른 사람인가? 그것이 가장 중요한 시작점이 된다. 때론 '왜 나는 이렇게 밖에 못하지?', '어떻게 저 엄마는 집안을 어쩜 저렇게 깨끗하게 치우며 살 수 있지?', '저 사람은 벌써 저만큼 갔는데… 난 왜… 아직도 제자리걸음이지' 이런 생각들은 그저 내가 아닌 다른 사람의 속도로 나를 봤을 때 느끼는 감정들이다.

"나는 지금 나로 살고 있는가? 아니면 다른사람처럼 살고 싶은가?"

저마다의 속도가 있을 것이다. 빠르게 달리는 사람도, 느리게 가는 사람도 괜찮다. 목적지에 안전하게 도착했는지가 나의 속도가 어떠했는지를 말해줄 것이다. 지금은 다른 사람들의 속도에 놀라서 주춤할 필요가 없다. 나의 속도로, 나의 목적지까지 꾸준히 가보는 것이 중요하다.

사람마다 가슴엔 책 한 권씩 있다

우리 모두에게는 가슴에 책 한 권씩 다 품고 있다. 사람에게는 사연 없는 사람이 없다. 누구나 가슴 속 이야기는 있다.

예전에 [냄새를 보는 소녀]라는 드라마를 봤다. 그 드라마에 살인자가 나오는데 누군가를 죽이기 전에 하는 일이 있다. 그것은 바로 그 사람의 인생을 글로 써서 책으로 만드는 것이다. 어떤 삶을 살아왔는지, 무엇을 좋아하고, 행복했던 일은 무엇인지 등등 그 한 사람의 인생을 담은 글로 그 한 사람의 인생을 자신이 갖기 위함이었다. 만약 나에게 그런 일이 생긴다면 어떤 이야기를 쓸까? 하고 싶은 이야기는 많겠지만, 정말 하고 싶은 나의 이야기가 있을 것이다.

각 한 사람 한 사람의 소중한 하루하루의 삶을 누군가는 글로, 누군가는 그림으로, 음악으로, 사진 등으로 표현할 것이다. 그리고 분명 나의 인생이지만 또 누군가와 겹쳐질 수 있다. 나는 결코 혼자 살고 있지 않기 때문이다. 내가 쓴, 나만 쓴 책이 아니라 분명 내가 만나고 함께 한 사람들과 함께 썼다고 해도 과언이 아니다. 많은 책과 이야기, 여러가지를 배우며 익힌 것들이 다 녹아져있기 때문이다.

누구나 힘든 일이 생기고, 어려움이 다가올 수 있다. 우울해지기도 하고, 불안해지기도 할 것이다. 그리고 내가 만나는 모두가 나를 응원해주고 격려해주고 이해해주지도 못할 것이다. 나의 가족들도 친구들도 직장 동료들도 저마다의 상황과 이유가 있다. 그럴 때 나를 응원해주고 지지해주는 사람들을 찾아 적극적으로 상황을 뛰어넘는 용기를 내길 바란다.

Q. 당신은 어떤 이야기를 해 주고 싶나요?

어떤 인생의 계절을 지나고 있나요?

씨앗이 자라면 싹이 나고, 꽃이 피고, 열매를 맺는 것이 자연의 순리다. 씨앗도 모양이 다 다르고, 그렇다고 씨앗만 보고 어떤 꽃이 피는지 알 수도 없다. 아무리 자세히 보아도 작고, 보잘것없어서 죽어있는 것 같지만 땅에 심어 물을 주면 그 안에 생명의 싹이 튼다. 이 과정을 생각하고 또 생각해도 신기하기만 하다. 모든 과학자가 달려들어 씨앗을 만들어 내려고 해도 만들어 낼 수없다. 작고 작은 씨앗 하나 안에는 생명이 있고, 그 씨앗만의 유전자 정보가 다 담겨있어서 그 정보대로 싹이 나고 자라는 것에는 어떠한 우연도 없다. 우연이 없이 철저히 계획된 섭리가 씨앗에 담겨있는 것을 보며 나의 존재를 다시 보게 된다. 작은 씨앗을통해 자란 꽃을 보면 어느 꽃 하나 똑같은 것이 하나도 없다. 저마다의 모양으로 향을 낸다. 그저 우연히 내가 생긴 것이 아니기에 내가 지금까지 지내온 과정도 앞으로 꽃으로 피어나기 위해 꼭 필요한 시간이었다고 확신한다. 오늘 주어진 시간을 최선으로 지나오면 나의 인생의 계절에 꽃은 반드시 핀다. 그 날이 그때가 언제 일지는 모르지만, 분명한 것은 햇빛과 영양분과 물을 주면 반드시 핀다는 것이 격려된다. 나의 꽃은 어떤 모양일지, 언제 피어날지 매일 기대하며 오늘을 감사하며 살아갈 때 반드시 당신의 예쁜 꽃은 필 것이다.

작은 씨앗이 열매를 맺기까지 견디는 시간

어렸을 때 시골에서 오디라는 열매를 따고, 콩을 딴 적이 있었다. 그 때 아빠에게 들었던 이야기가 있다. 아직도 아빠와 함께 이야기하며 열매를 땄던 기억이 참 많이 따뜻하다. 그 때 아빠가 해 주신 이야기는 씨앗에 관한 이야기였다. 어떤 씨앗이 강하고 많은 열매를 맺게 될까? 그것은 추운 겨울을 견딘 씨앗이라고 했다. 추운 겨울을 견디면서 살아남은 씨앗들은 어떠한 상황에서도 열매를 맺고, 더 잘 자란다고 했다. 그러고 보니 겨울 내내, 땅속에서 견뎠던 씨앗들이 일정한 날이 되면 톡톡톡 새싹들이 올라오고 꽃을 피우는 것들을 봐도 춥고 어려운 시기는 강하기 위해 꼭 필요한 것 같다. 강한 풀이라고 하면 딱 떠오르는 잡초를 생각해봐도 그렇다. 밟히고 밟히면 더 많이 더 촘촘히 강하게 자라는 잡초도 그 겨울을 참 잘 견딘다. 당신은 지금 어느 계절 속에 있나요? 당신의 오늘도 분명 열매 맺기 위해 꼭 필요한 날이다.

꽃보다 우리

이 세상에 못난 꽃은 없다. 화난 꽃은 없다. 향기는 향기대로 모양새는 모양새대로. 다, 이쁜 꽃이라고 「당신에게 말 걸기」라는 시를 통해 나호열 시인은 이야기했다. 그걸 모르는 것 같아서 다가와 말해준 말 한마디가 바로 "당신은 참, 예쁜 꽃" 이다.

어쩌면 나 그리고 당신은 이미 예쁜 꽃입니다.

Q. 사람마다의 인생의 계절이 다 다르고, 문제도 상황도 그것을 해결해나가는 방법도 다 다르답니다. 누군가의 방법이 때론 나에게는 맞지 않을 수 있습니다. 같은 열쇠로 모든 문을 열 수 없듯이 말이죠. 하지만 마스터키라는 것이

있습니다. 그 열쇠만 있다면 모든 문을 열게 됩니다. 여기까지 글을 읽으면서 어떤 것이 느껴지시나요? 혹시 새롭게 발견한 사실이나 정리된 생각이 있다면 어떤 것이 있나요? 내 인생의 열쇠! 발견하셨다면 어떤 것이 있나요?

오늘이 내 인생 최고의 날이다!!! 를 외치며 하루를 시작하셨으리라 생각됩니다.

여러분들의 오늘을 응원하며, 무엇을 나눌 수 있을지, 제가 정말 잘 도울 수 있는 부분은 무엇이고, 함께 성장할 수 있는 것은 무엇일지를 찾아가는 오늘을 보내보겠습니다.

저는 13년째 한국대학생선교회 CCC간사로 선교사로 사역하고 있는 강은영간사입니다. 수 많은 대학청년들을 만나고, 청소년들을 만나면서 저를 만나고 변화되는 청년들과 학생들의 감사의 모습들을 보면서 제가 할 수 있는 것들로 지금까지 달려오고 있습니다. 결혼 후 아이들을 양육한 이후로는 여성들을 위한 일도 하고 있습니다. 육아맘, 워킹맘, 그리고 제2의 인생을 사시는 언니들까지말입니다. 그러면서 3년전 국제코치연합에서 CAMC코치가 되었고, 경영대학원 경영학석사로 조금 더 많은 사람들을 돕기 위해 개인의 역량을 키워갔습니다. 선한 영향력, 선한 영향력을 더 전하고 싶었기 때문입니다.

책을 제대로 읽고 싶어졌습니다. 그래서 위리더 마인드파워 비기너과정과 애프터과정을 통해 책을 어떻게 읽어야 하고, 왜 읽어야 하는지에 대해 배우며 에너지와 시간 경영과 아웃풋 트레이닝을 통해 나만의 콘텐츠를 만들어 가고 적용하고 있습니다.

자기 일에 열정을 가지고 있음에도 계속해서 현상 유지에 그치는 사람들이 주변에 있습니다. 충분히 능력이 있음에도 무엇을 해야 할 지 몰라 허둥대면서 자꾸만 뒤처지는 사람들을 만나기도 합니다. 훈련이 부족해서 이러는 걸까요? 1만 시간 동안 훈련을 하면 상황은 달라질까요? 태도나 마음가짐이 문제일까요? 감사하는 마음, 긍정적인 마음으로 일하는데도 형편이 계속해서 나빠지는 사람들은 너무나도 많습니다. 도대체 어떻게 해야 할까요? 그래서 윤스키 아카데미에서 진행하는 식해나비 독서모임을 통해 인생에 남겨야 할 6가지 습관을 배우고 적용해갔습니다. 여전히 저도 배우고 있고, 배운 것을 적용하며 또 다른 누군가를 돕고자 합니다.

한 사람의 인생의 변화, 마음의 변화를 위해 저도 날마다 성장하며, 진심으로 다가가겠습니다. 감사합니다.

트라우마
그까이 껏!

1판 1쇄 인쇄 | 2021년 7월 2일
1판 1쇄 발행 | 2021년 7월 9일

지은이 | 강은영

펴낸이 | 최원교
펴낸곳 | 공감

등   록 | 1991년 1월 22일 제21-223호
주   소 | 서울시 송파구 마천로 113
전   화 | (02)448-9661 팩스 | (02)448-9663
홈페이지 | www.kunna.co.kr
E-mail | kunnabooks@naver.com

ISBN 978-89-6065-307-8 03320